障害者から「共民社会」のイマジン

堀 利和 著
HORI TOSHIKAZU

社会評論社

我ら障害者は
社会的弱者・サバルタンである
しかし
それだからこそ
我ら障害者は
社会を変える
社会変革の主体者でもある

目次

序章 「共民社会」へのイマジン

本書は、最近私が書いたり講演したりしたものを読み物として一冊の本にまとめたものです。まとめるにあたって、障害者問題を基点にして社会変革への展望をイマジンしました。私の問題意識は、社会科学としての障害学、障害社会科学であり、障害者問題を狭義の意味での福祉論、社会保障論に終わらせたくないのです。その障害者問題は必然的に哲学、政治学、経済学、社会学等の分野にまで踏み込み、普遍主義としての社会変革に通底します。

私が障害者問題に初めて出会ったのは一九七三年のことです。それまでは六〇年代後半の政治社会状況の中にあって、ベトナム反戦運動、七〇年安保闘争、学園闘争、沖縄奪還闘争、三里塚闘争、石川青年奪還の狭山裁判闘争、そして赤堀冤罪事件差別裁判闘争などを闘っていました。このような「闘争」の時代でした。それはとりもなおさず、人間解放の闘いです。

七一年から七二年、七三年と、闘争は次第に挫折していきます。その後一、二年私は本を読むだけのひきこもり生活に入りましたが、大学受験を拒否された二人の重度脳性マヒ者が聴講生となって、その「聴講生」問題に関わりました。それが一九七三年です。同時に、有楽町の都庁本館第一庁舎前で座り込みテント闘争をしていた都立府中療育センター闘争にも関わることになります。私たちの七〇年代は、障害者解放運動でした。以来、今日まで、障害者問題に関わり続けています。

こうして、私が障害者問題に長年関わってきたのは、必ずしも私自身が障害当時者だからというだけではなく、むしろ障害者「問題」にはまってしまったからです。障害者は、すなわち、人間解放の最後の存在者・サバルタンです。

本書のタイトルを社会変革を通した『障害者から「共民社会」のイマジン』としたのは、私の問題意識からです。といって、本書が社会変革への道筋を理論的に、かつ明確に提示できているわけではありません。イマジンです、イマジンしてください。

そこから、もはや資本主義も国家社会主義も行き詰まりをみせている世界史的閉塞状況の中にあって、しかしながら今なおそれらにとって代わるオルタナティブな社会システムが見いだせていないのが現状です。I・ウォーラーステインが『近代世界システムⅣ』の中で指摘しているように、資本主義が行き詰まりを見せていても今だ新しい世界システムが見いだせていないというのも、その通りです。いずれにしても残された選択肢は理想や夢を大胆にせめて思い描くことでしかないと考えます。それがたとえどれほど不合理で飛躍していると批判されようとも、そのように今はつぶやきます。

それが私の言うところの「共生社会・主義」です。その経済は当面「社会連帯経済」ということになります。なぜなら、国民経済は公的部門、民間部門、そして社会連帯経済の三部門から成り立っています。社会的企業育成法や協同組合基本法を制定している韓国では、国民経済を政府部門、民間部門、社会的経済の三部門という見解を示しています。また、一九七九年に始まったホメイニのイラン革命では、『資本論』の影響を受けたバキールデュ・サドル（イラク・フセインに一九八〇年に殺害されたシーア派の経済学者）の『イスラーム経済論』（原本『われわれの経済』）を基礎にした財政経済の憲法第四四条には、「イラン・イスラム共和国経済は、公的部門、私的部門および共同部門の各部門を基礎に置く」となっています。

しかも、イスラム経済は市場をウンマ（共同体）の中に埋め込むとし、またカール・ポランニーは離床した市場を社会に取り戻すとしています。いわば、市場（等価交換）と非市場を組み合わせた経済ということになります。だから、肝要は、GDPベースでどれだけ社会連帯経済の部門を押し上げることができるかにかかっています。というのも、日本ではヨーロッパなどと比べて社会連帯経済はまだまだ認知度も低く、残念ながら市民権を得ているとは到底言えないからです。

さらには、アントニオ・グラムシの政治社会の市民社会への再吸収であり、それはまた、ポランニーが「マルクスにおける『ある』と『あるべき』」の中で次のように述べています。

「マルクスが『市民的』の代わりに『人間的』社会を望む……」

「マルクスの全著作は、人間が人間になることを許さない市民社会に対する唯一の有罪判決であった。資本主義経済とその法則に対する彼の批判は、市民的世界の一断面に即してその本質的な品位のなさ、その非人間性を証明しようとする唯一の試みであった。」

「法則が全ての個々人の生活を支配する社会状態には、自由が欠けている。」

「労働者だけでなく資本家も、マルクスが見たように市場法則に隷属しており……」。（市場社会と人間の自由』大月書店）

それは、私が言うところの市民社会に代わる「共民社会」であり、市民に代わる「共民」です。近代ブルジョア資本主義の下で生成・発展してきた市民社会は、それをアウフヘーベンした「共民社会」にとって変わるのです。概念的イノベーションです。世界史は市民社会から「共民社会」にとって変わるでしょう。ただし、経済法則の廃止と労働力商品化の止揚が、そのための必要十分条件とならなければなりません。その時には同時に、生産手段が私的所有から共同所有に変わらなければなりません。ちなみに、資本主義から社会主義への歴史的移行が必然ではないように、市民社会から「共民社会」への移行もまた同様に必然を意味するものではありません。

以上のこの私の思想は、本書（特に序章と終章）のこの私の考えは、死んだマルクス主義ではなく、生きたマルクス学です。

「共民社会」とは、非人間的不等価交換の資本主義的経済システムから、そして実質的等価交換の経済、さらに人間的不等価交換の経済社会のことであって、それによって障害者は初めて人間として解放されます。その時、平等がなぜ等価交換でなければならないのかが問われます。純粋贈与、純粋共生、「共民社会」は形式的不平等の人間的不等価交換でなければならないことになるでしょう。

第1部

障害者か健常者か、
それが問題だ！

第1章　共生

1 津久井やまゆり園事件とは
——共生社会に向けた私たちの課題は何か

私の略歴

こんばんは。堀です。本題に入る前に、自己紹介を簡単にしたいと思います。

私は静岡県の清水市、今の静岡市清水区に生まれました。病気になったのは幼稚園が終わった三月の末から、小学校に入る四月の上旬で、この間に、スティーブンジョンソン病という病気になりました。いまは難病指定になっていますが、当時は全く何がどうしたのか分からないという病気でした。四〇度以上の熱が半月続き、意識はありませんでした。髪の毛は抜けるし、皮膚は剥けるしという、体の中に原爆が落ちたような病気で、命が助かったのが不思議というものでした。

七月まで入院し、九月から地元の清水小学校に通いました。ところが病気の後遺症で弱視になり、当時の視力が〇・〇二とか〇・〇三くらいで、まだ白杖なしで歩いたり走ったりできるという状態でした。学校に行っても黒板の字は見えませんし、教科書はもちろん見えませんでしたので、一番前に座って先生の話を聞くというようにして授業を受けていました。四年の二学期から静岡県立の静岡盲学校に転校しました。仲間の多くは学校での寮生活をするというのが基本的な暮らし方でしたが、私は家から路面電車に乗り、静岡鉄道に乗り換え、ドアツードアで五〇分ぐらいかけて通学しました。中学部まで静岡盲学校におりまして、卒業近くになって先生から「東京に行きなさい」と勧められ、高等部から今の筑波大学付属盲学校、昔の東京教育大学付属盲学校に転入しました。そしてそこから明治学院大学に進学し、その後に日本社会事業学校に入ります。

普通我々は、鍼灸マッサージの免許を持つのですが、私は若気の至りといいますか、盲人世界の閉鎖性に耐えられなくて、また鍼灸マッサージという限られた仕事しかないということにも反発して、盲世界を飛び出しました。

一九七四年にアルバイトのような形で、民間保育園で保父を産休補助という形で二カ月ほどやりましたが、当時、保父は珍しかったですね。その後、大田区の都立城南養護学校でスクールバスの添乗員を一年半ほどやりまして、それから大田区の点字講習会の講師を、週に一回やりました。そして八九年に参議院の比例区で社会党議員として初当選し、九五年まで勤めます。しかし次は落選。三年浪人して九八年に返り咲き、民主党議員として二〇〇四年まで勤めました。その後は、もう議員としてはやれることはやったと思い、選挙には出ずに引退しました。結局、一二年間、参議院議員をやりました。

その後、障害者運動や市民運動をやりながら、五年ほど立教大学で非常勤講師をやり、現在は、NPO法人共同連という北海道から九州まで、障害のある人ない人がともに対等に働く事業所づくりの各場がありますが、その代表をやっています。もう一つは『季刊福祉労働』という、現代書館から出版されている雑誌の編集長ですね。

ざっとこういったことが私の経歴になります。

『私たちの津久井やまゆり園』事件を編むまで

それで、先ほど主宰者の根本さんからもご紹介いただいたように、昨年の九月に社会評論社から『私たちの津久井やまゆり園事件―障害者とともに〈共生社会〉の明日へ―』という本を、編著というかたちで出すことになったのです。五月下旬に松田社長から、「津久井やまゆり園事件の本を一冊作ってもらえないか」と話をもらったのですが、なかなか難しい。どういう観点で本を編むのか。書き手の問題もありますので、その辺を考えなががら六月の中旬くらいに、執筆をお願いしたい皆さんに目次（タイトル）を見せ、二〇人近くの方に「こういうタイトルで書いて下さい」とお願いしました。七月下旬に初校を入校、九月に出版となりました。

最初、本のタイトルを『津久井やまゆり園事件論争』としたのです。福祉政策として施設がいいのか、そうでないのか。あるいは精神保健福祉法を変えるのか、変えないのか。事件をめぐっての対立、立場の違いの論争、という視点で考えていたのです。最終的には、事件をもっと内省化し、私たち自身が自分の問題としてこの事件をどうとらえるか。そういう観点から『私たちの津久井やまゆり園事件』としたのです。

私自身は入所施設には反対なのですが、家族会の人を含め、施設は必要なんだという人たちがいる。だから最初に結論ありきではなく、立場の違いや、精神保健福祉法についても賛否両論が分かるように立場を広げて編集しました。そしてできる限り客観的な資料もということでしたので、植松被告の手紙を全文掲載したり、神奈川県の障害者施策専門部会での、家族と職員のヒアリングの議事録を掲載するというように、資料としても読めるように編集したのです。

『私たちの津久井やまゆり園事件』はそんなふうにして作りましたが、今日は事件そのものの意味といいますか、本質に迫るように焦点を絞って話していきたいと思います。障害者施設はどうあるべきか、地域福祉はどうあるべきかという問題を、論点をしっかり絞り込んで話をしたいと思います。神奈川県がやまゆり園をどうするかについては、基本構想が出され県もそれを決定しました。八〇人定員と二〇人定員と規模を小さくし、分散型にしますという基本構想が出ています。このことを踏まえて、施設と地域のあり方の、基本的な考えを整理してみたいと思います。

入所施設の存続を前提に地域移行を考えるか、入所施設を将来的にはなくすことを前提に地域移行を進めるのか。二つの立場があると思いますが、私は、なるべく早い時期に施設はなくすべきで、そのための地域移行を進めるべきだという立場です。県の基本構想とは、立場を異にするということになります。重度の障害者の施設、地域という観点はそんなふうに考えています。

障害者運動の原点と七〇年代

テレビ報道を含め、事件の当日を思い起こしてみます。私は非常に驚きました。それはヨーロッパなりアメリカ、その他の地域でのテロ事件さながらといいますか、障害者施設ではありえない事態でした。ただただ、何がどう起ったのかまったく分からないという驚きでした。不謹慎ですが、テロの専門家が複数で、何か飛び道具を使ってやったのかと思ったのですが、後で聞くと包丁を何本か持って、シロウトがやったとは考えられないような事件の内容です。どう受け止めればよいのか。まさに言葉を失うような状態だったと改めて思います。

事件が起きたばかりで、どんな内容か真相が分からない、事件のあくる日でしたか、塩崎厚生労働大臣が記者会見をし、二、三日後に安倍首相が関係閣僚会議を開き、措置入院についてのあり方を検討するように、という指示を出したのです。政府は措置入院のことや植松被告の職員としての働き方や「手紙」を見て、当然情報を持っていたにしても、この事件がどういう理由で、どんな経過があって起きたのか、全く分からない段階で「措置入院」を持ちだす。これは予断と偏見以外の何物でもないと思います。この事件は措置入院者だから起きたのだ、という短絡的で政治的な、イデオロギー的な、いやな政府の対応だという強い違和感を事件当時に感じました。この事件を私たちは内省的にといいますか、自分たちの問題としてどう理解し、本質を解き明かすのか。それをやらないと犠牲となった人たちに申し訳ない。そう考えます。

六〇年代後半、私は一〇代だったのですが、当時はベトナム反戦運動や学園紛争など、様々な政治運動や社会運動があって、私も身を置いてやっていました。大学では部落問題研究会に入っていました。ただ私が生まれた清水市では、在日の問題はあっても部落問題は知らなかったのです。あるきっかけがあって部落問題を知るのですが、そこで狭山闘争というものがあり（狭山事件の石川さんが昨年ここで講演をされましたが）、「石川青年奪還」という、そういう社会運動や政治運動をやる中で、七一年七二年というのは挫折していくわけです。

私は試験を受けて学籍をとったのですが、七三年に重度脳性マヒ者の車イスの学生二人が聴講生として入ってきたのです。受験が認められなかったわけです。それはおかしいじゃないかということで、聴講生問題に首を突っ込んでいく。私が障害者運動にかかわった初めての運動でした。そのとき、当時都庁は有楽町と東京駅の間にあり、本館の前で都立府中療育センター座り込み闘争というものがありました。そこから本格的に、障害者問題に関わるということになります。

当時も今もそうですが、施設に入ればほとんど外には出られない。外泊はもちろん、外出も許可がいる。お風呂に入れるのはせいぜい週二回。朝から夜まで、食事も訓練プログラムもすべて決められていて、四人部屋か六人部屋でプライバシーがない。それが当時の施設の実態でした。

府中療育センターの重度心身障害者の人たちが、施設の改革と施設から出たいという要求を打ち出して、都庁前にテントを張って座り込む。この時彼らが打ち出したのが、

「鳥は空に、魚は海に、人は社会に」

という非常に鋭いスローガンでした。人は施設ではなく、地域や社会に生きるのが当たり前だ、そういうスローガンですね。七二年から七三年の一年八ヵ月の間、こういう座り込み闘争があったのです。そこにも私は関わり始めた。

もう一つやまゆり園事件との関連でいうと、七〇年頃に、神奈川県の「青い芝の会」が告発運動を始めます。そのきっかけは、障害児を殺してしまった母親の減刑嘆願運動が、近所の人や家族会などから起った。これに対して青い芝の会の人たちは、障害を持った子どもが殺されるのはやむを得ないことだという減刑嘆願運動に対して、強い危機感を持ったのです。福祉が貧困である故の事件であり、障害児殺しはやむを得ない、刑を軽くしろという運動に対し、青い芝の会は自らの存在を重ね、許さないということで「母よ！　殺すな」というスローガンを出して減刑嘆願運動に対抗した。

この時、「健全者幻想解体」ということをいい、どうしても健全者になりたい、健全者に近づきたいと考えるが、そんなものは幻想でしかない、脳性マヒ者としての自らの尊厳を否定してしまうことになる、ということで健全者幻想は捨てろと訴えたのです。もう亡くなられましたが、このとき横浜の横田弘さんが起案して、全国の青い芝の会が七五年に採択した行動綱領があります。

一、われらは、自ら脳性マヒ者であることを自覚する。
一、われらは強烈な自己主張を行う。
一、われらは愛と正義を否定する。
一、われらは健全者文明を否定する。
一、われらは問題解決の路を選ばない。

こういった綱領を立て、脳性マヒ者の自立と解放を掲げつつ、すべての差別と闘う。そして七三年頃、神奈川の青い芝の会の人たちのドキュメント映画「さよならCP」が上映され、私も上映運動に参加しました。障害児殺しの母親の減刑嘆願運動に対する告発運動、健全者社会には相容れない自らの存在を賭けた告発運動が、七〇年代に展開されたのです。この時代、我われは障害者運動とは言わず、障害者解放運動といっていました。

府中療育センターの「鳥は空に、魚は海に、人は社会に」と、青い芝の会の「行動綱領」と「母よ！　殺すな」は、津久井やまゆり園事件の原点だと私は考えています。この問題が四〇年過ぎ、五〇年近くたってもいまだ解決できずにいる課題であり、それが今回の津久井やまゆり園事件で改めて考えさせられたのです。

七〇年代には、地域で共に生きる、共に学ぶ、共に育つ、共に働く、という理念や実践が進められたわけです。このとき、脱施設、脱学校、脱病院という文明批判の思想家としてのイワン・イリイチが、一九七三年に「共生　CONVIVIAL」という概念を提唱しました。今日ではフランスなどで研究されるようになっていますが（日本でも少し始まっています）、「共生主義　CONVIVIALISM」がいま提唱され、本当の意味での「共生」とはどういうものか。奇麗ごとの言葉が上滑りしたようなものではないという、こうした共生の考えも七〇年代初めにルーツを持つと考えています。

被告の手紙は何を示しているか

お手元に植松被告の衆議院議長宛ての手紙のコピーがあります。手紙について少し話したいのですが、これは手書きなんですね。「今時の若者が、パソコンではなく、手書きなのか」と私は思ったのですが、考えてみれば彼にとっては血判書みたいのものですね。まさに命懸けの表れで、それで手書きにしたのだろうと私は理解しました。最初は自民党本部に持っていったのですが、断られ、次に衆議院議長公邸に持っていって受け取ってもらった。

これからいくつかの文章を読み上げますから、聞いてもらいたいと思います。初めに「四七〇名を抹殺することができます」という文章から始まります。「保護者の疲れきった表情、施設で働いている職員の生気のかけた瞳」「日本国と世界の為を思い、居ても立ってもいられず」ということも書いています。「理由は世界経済の活性化」と書き、「障害者は人間としてではなく、動物として生活を過ごしております」「車イスに一生縛られている気の毒な利用者も多く存在し、保護者が絶縁状態にあることも珍しくありません」「保護者の同意を得て安楽死できる世界です」、さらには「障害者は不幸を作ることしかできません」「障害者を殺すことは不幸を最大まで抑えることができます」。ここから論理的にかなり飛躍していきます。「今こそ革命を行い、全人類の為に必要不可欠である辛い決断をする時だと考えます」と書き連ねています。

補足すると、「自首します。逮捕後の監禁は二年。心神喪失による無罪」とも書いています。「金銭的支援五億円」と随分図々しいですが、「日本国と世界平和のために」と平然と書き、最後に「安倍晋三様にご相談頂けることを切に願っております」と結んでいます。おそらく彼はいまの日本政府が、こんなふうに、彼と同じような優生思想的な考えを持っている。そう確信しているから「安倍晋三様」と彼は締めくくっているのですね。

当時、報道されていましたが、車に乗った時に彼は笑みを浮かべていた。おそらく、この殺害を実行したことを安倍首相は褒めてくれるんじゃないか。そう考えていたと思うのです。いまでもそうかもしれません。そう感じざるを得ないところがあります。

社会から「他者化」されていた被害者と加害者

さらに私なりの一つの視点は、犠牲になった被害者も、加害者になった植松被告も、社会から「他者化」された存在だというように、その関係性を見るのです。被害者と加害者の両者ともに、現代社会から「他者化」された存在です。

この被害者と加害者の連関についてお話しますと、石原慎太郎都知事時代に、府中療育センターに視察に行き、「この子らに人格はあるのかね」と尋ねた。つまり、生きている価値があるのかと疑問を口にしたわけです。これは障害者という存在の、消極的否定です。植松被告は「障害者を殺すことは不幸を最大まで抑えることができます」といって、積極的に障害者を否定していますが、消極的か積極的かの違いはあるけれども、石原元都知事の障害者観、人間観は、植松被告のそれに通底しています。

ヨーロッパやアメリカで起きているテロの場合、テロリストに対する怒りを当然持つわけです。そして犠牲になった人たちには同胞愛を感じる。ところがやまゆり園事件では、被害者も加害者も社会から他者化された存在であるが故に、事件が起きたときに植松被告を絶賛し、支持するネット炎上が起きたわけです。よくやった、というのですね。私の仲間はいまでも二六日になるとやまゆり園に花を捧げに行きますが、そうやってしっかりと自分の問題として受けとめている人がいる一方で、「こういう重度の人が生きていても…」

ということもこれも一つの本音であり、石原都知事と同じような感想をもつのかもしれませんが、彼らのなかには植松被告がひっそり住みついているわけです。こんなふうに、被害者である「重度知的障害者」はこの人たちによって「他者化」されています。

被害者と加害者の連関性についてもう少し考えてみますと、私たちにとってみれば、被害者はストンと胸に落ちます。植松という加害者を考えたとき、措置入院、精神疾患、精神障害者ということで、自分たちとは違うという異端的な眼で見る人たちがいる。安倍首相がそうであり、塩崎大臣がそうですね。「自分とは違う」と排他的な立場をとろうとする。つまり、両者ともに他者化されているわけです。

これは意図的ではなく、歴史の時間軸から見ると結果論ですが、ハーバー・フリッツというドイツの化学者がいます。アンモニア合成技術で、一九一八年にノーベル化学賞を受賞しました。彼は第一次世界大戦で、ドイツ兵の犠牲を少なくして戦争を早く終わらせるということで、毒ガス兵器を開発しました。ところが、イギリス軍もガス兵器を開発する。総力戦ですから大量使用され、双方合わせて八百万人が犠牲になっているのです。

しかもナチス・ドイツでは、T４作戦で障害者や難病者が二十万人、ユダヤ人が六百万人、毒ガスでジェノサイドされてしまう。皮肉にも、ハーバー・フリッツはユダヤ人であったのです。彼は自分の作った毒ガス兵器で、同胞のユダヤ人を大量に殺してしまうのです。

加害者が被害者になり、被害者が加害者になる。こういうことが歴史や社会の中で、くり返されてきたのですね。

家族はなぜ我が子を「匿名」にするのか

次に匿名の問題性についてお話します。なぜ一九名の犠牲者が匿名なのか。私たちがそう訊ねると、「そんなに犠牲者の名前を知りたいのか」と、逆に批判する方がいらっしゃるのですが、私たちは匿名にしたことの意味を知りたいのです。名前を知ったからと言ってそれが我われにとっていいことがあるということではなく、なぜ匿名なのかということを聞きたいのです。

一七年間家族会の会長をやってきたという（事件当時は会長を辞めていましたが）、尾野剛志さんが講演をされました。そこで話していたことですが、尾野さんが事件の日、朝七時半ごろやまゆり園に行き、息子の一矢さんがどこにいるかと尋ねると、立川の防災医療センターに緊急入院をしているといいます。急いで車で駆け付け、その朝の様子を聞くと、こんな感じだったといいます。

家族の方が何人か集まってきて、かながわ共同会との相談の中で、「我が子の名前を出してほしくない、匿名にしてほしい」ということになり、共同会の理事長と家族が電話でいいます。

津久井警察署に「匿名」の申し入れをします。これまでそんなことはありえなかったから、津久井警察署は最初断ります。「そういう例外措置はとれません」という。家族の方と理事長がもう一度相談をして、改めて津久井警察署に電話をします。すると津久井警察署は県警本部と協議した上で、「異例」措置として匿名が認められた。そういう経緯だったといいます。

尾野さんはいまでもテレビや新聞に出て、この事件を風化させてはいけないと話をしています。ある被害者の親は、事件直後テレビに一日だけ出たのですが、出身の田舎からすぐに電話がかかってきて、「テレビには出るな」と言われたといいます。やまゆり園に親戚の者が入っていたことを、周囲の人たちに知られたくない、そういうことがあった、と尾野さんは言っていました。家族・親類に知られたくない。匿名の訳というのは、そういうところにあると思っています。

尾野さんが家族会の会長をしていた時に、ある人が「わが子がやまゆり園で亡くなったが、子どもの遺骨は持って帰って来るな」と主人に言われたといい、「会長さん、どうしたらよいでしょうか」と、深夜、電話で相談があったといいます。これが現実なんですね。なぜ、亡くなったわが子の名前を匿名にするのでしょう。これは私の推測ですが、やまゆり園で我が子が死んだということが知られてしまうと、結婚をしている兄弟姉妹がいる場合、結婚相手の親戚に障害者がいることが分かってしまう、そうならないように隠しておきたい。そういうことなんだろうと思います。いては困る、あっては困る。そういう心情が家族にはあるんだろうと思います。

重度知的障害者が我が家にいることが、恥ずかしい。だから我が子を匿名にする、つまりは我が子が生きてきたことを抹殺することです。これは子どもに対して、親もまた加害者であるわけです。先ほどから言っているように、被害者と加害者が入れ替わり、連関しているということがここでも言えます。そういう家族の考えは、まさに植松被告の「障害者は不幸を作ることしかできない」という考えに重なってくるのですね。いや、家族もまた植松容疑者と同じような考え方をしている。こういう深刻な問題があることを、やまゆり園の事件はあぶり出したのです。

ただしくり返しますと、親や家族をこんなふうに、我が子を隠さなければいけないと思わせる、何がそれをさせているのかといえば、社会であり、世間です。じゃあ、その世間とは何だろうか。太宰治が『人間失格』の中で、次のようなことを書いています。

太宰は津軽の名家の出で、県会議員である兄の息子、つまり甥っ子にあたる津島雄二さんという方が、私が議員時代に厚生大臣だったのですが、この方はすごく優秀で、法律の条文が頭の中に全部入ってしまうという、そういう方でした。太宰はこういう名家の出身です。それで『人間失格』では、放蕩仲間の堀木という人物が上京し、太宰に「女道楽ばかりしていては世間が許しませんよ」と言います。太宰は確かにそんな生活をしていて、鎌倉の海で心中するのですが、女の人は死んで彼は助かる。しかし昭和二三年には、今度は桜上水で居酒屋の女性と心中し、そこで太宰は絶命します。仲間の作家たちは太宰の遺体をすぐに運んでいく。ところが、女性はいつまでもそこに置かれていたということを、どこかで読んだことがあります。

そういう道楽男だったわけですが、「世間は許しませんよ」と堀木に言われ、「世間」とは何か、実体はあるのか、言葉には出せなかったのですが、そう太宰は考えるのです。そして行き着いた考えが、世間とは個人ではないか、世間とは堀木、おまえではないか、と書いている。世間は私や、私たちがつくっているものである。そんな世間が、「匿名」を強いた。つまり、私たちが強いたわけです。

「素晴らしいことをされてますね、でも私たちのところには来ないで下さいね」――

被害者と加害者の連関性、あるいは「匿名」という問題を考えていくと、社会はどういう成り立ちをしているのか、と考えざるを得なくなるのです。私がいつも言っていることは、「人間関係が障害を作る」ということです。障害者を分離した空間に置き、健常者は第三者で傍観者という立場のまま。ここに大きな問題があると、私は思っています。

次の文章はそのまま読んでいただくのが一番なのですが、『養護教育の道に生きて』という石川県立小松養護学校教諭の山本和子さんの文章で、こんな話です。……養護学校高等部のきいちゃんが、母親から、お姉さんの結婚披露宴に出ないように言われたのです。するときいちゃんは、山本先生に「一緒に浴衣を縫ってお姉さんにプレゼントしよう」と言われ、浴衣を縫うのです。そしてお姉さんに送ると、お姉さんは二人に結婚式に出席するよう伝えた。結局二人で披露宴に出ることになった。

お姉さんはお色直しに、きいちゃんが縫った浴衣を着て出てきて、それまでのいきさつをすべて話します。ここでもし妹を隠すようなことになったら、妹の人生はどんなに淋しいものになったろう、妹は妹のままでいいのだという話をするのです。最初はきいちゃんを見てヒソヒソ話をしていた披露宴のお客さんたちだったのですが、お姉さんの話が終わると拍手が沸き起こった。そういう、とても感動的な話です。

さて、ここで現実の物語性を成立させているものは何でしょうか。

健常者が、障害者と触れる機会がほとんどない。寮生活をする養護学校にきいちゃんはいたわけで、障害者をそういう分離・隔離された空間に押し込めてしまうことも、一つの要因だと思います。触れあう機会のない人間関係が、きいちゃんや障害者を「異邦人」にしてしまう。しかし地域福祉と言われて久しいですが、たとえ地域だとしても、特別支援学校、放課後デー、障害児・者だけを集めた通所施設・デイサービスですね。これは私から言わせると、ひどいと思いますね。養護学校に入ると学校までデイサービスの車が迎えに来て、放課後をデイサービスで過ごし、それが終ると自宅までまた車で送る。朝から晩まで、一日じゅう切り離されたところで子どもの生活が組み立てられているわけです。通所作業所にしても、かなり閉鎖的なところで生活が営まれてしまう。

私はこれを、「地域の缶詰」、と表現しています。たとえ地域の中にいたとしても「缶詰」状態にある。あるいは「水槽の中の、金魚すくいのビニール袋に入れられた金魚」です。大きな水槽でたくさんの金魚と泳いでいるように見えますが、よく見ると水槽の中でビニール袋に入れられている。残念ながら「地域」といっても、まだまだこういう限界がある。缶詰のふたを開ける、ビニール袋を破く。そういうことをやらないと、本当の意味で地域の一員としては暮らしていないといえる。直接的な人間関係が重要ですし、慣れる以外にないのです。私の住んでいる地域の近くに七階建てのビルがあり、そこは、三階から上が特別養護老人ホームです。一階二階が障害者の通所施設です。知的や身体の重度の方が通所しているのですが、近くの商店街で、よく分からない、声をあげて踊っている三〇代の若者をときどき見かけます。通所施設に通っている彼なんですが、一般的には驚くと思うのです。ところがその商店街では繰り返されるうちに慣れてきて、商店街の風景に溶け込んでくるといいますか、我々の生活の中に一つの風景として入っている。こういう社会や地域をどう作っていくのか。そのことが問われてきます。

ところが、いざ自分の生活圏に障害者が入ってくると、排除してしまいます。グループホームや作業所の設置に対して、地域住民の反対運動がしばしば起きます。この横浜の瀬谷でもあると聞いています。たとえば北九州市の「抱樸（ホームレス支援ネット）」の奥田知志さんという牧師さんで、三〇年くらいホームレス支援をしてきた人がいます。三千人くらい社会復帰させてきたという人で、今も続けていますが、近所の人たちが奥田さんに「立派ですね、偉いですね」と声をかけてくれたというのです。ところが、シェルター的な宿泊施設を作ろうとしたら、褒めていたその近所の人たちが、「絶対反対」と横断幕をかけて反対運動を始めたといいます。奥田さんは半年以上かけて説得しようとしたのですが、どうしても聞き入れてもらえなかった。結果、「包摂」を作るのに見切り発車となってしまった。

これが生身の人間なのかな、とも思ったりしますが、またさらに、健常者の第三者性や傍観者性を問わなければならないことがあります。

それは、きいちゃんのこの話でいえば、感銘した「あなた」も、実は披露宴の「客」の一人ではなかったか？　ということです。きいちゃんを披露宴に出させまいとした母親の懸念を、あなたももっているし、披露宴の「客」にもなり得た。つまり、私たちは知らぬ間に、自覚せず、いつのまにか「排除」や「差別」をする側の立場に立っているということです。

そういう意味でも、津久井やまゆり園の事件を、ただ「かわいそう」「ひどい」といってすまされない。傍観者でよいのか。事件の背景を作っているのは私たちであり、問われているのは私たち自身だと考えることが、「私たちの津久井やまゆり園事件」ということなのだと思います。

措置入院と精神保健福祉法

次に植松被告が措置入院になった経緯を簡単に言います。

衆議院議長に渡した手紙が、地元の麹町警察署にわたり、その後神奈川県警本部に行きます。しかし刑事課でなく生活安全課に渡ります。やまゆり園に直接渡されれば、「手紙」は脅迫罪か威力業務妨害罪、議長公邸だから少なくとも偽計業務妨害罪という刑法の適用になったはずです。ところが手紙は相模原市精神保健福祉課にいき、結果的に措置入院になります。

しかも、このときの二名のうち一名の指定医が当時、不法取得が発覚し、その指定医によっていい加減な診断がなされ、それによって措置入院となっています。厚労省は診断に問題はないとしていますが、手続き上も診断上もいい加減なまま、措置入院に回されたわけです。

そして昨年（二〇一七年）の二月二四日に起訴されます。精神鑑定の結果、横浜地検は、刑法第三九条「心神喪失」、これは罪を問えないということであり、「心神耗弱」これは刑の軽減ということになりますが、これを適用せず、「人格障害であっても善悪の判断ができ、刑事責任能力がある」と判断し、起訴したわけです。その時の診断は「自己愛性パーソナリティ障害」。これは自分に対する他人の評価よりも、自分自身の評価の方が高いという、プライドが高いといいますか、そういう障害です。ここで一つ注意しておきたいのは、『正常を救え』（講談社）の著者アレン・フランシスがＤＳＭ‐５を批判しているように、精神疾患名はいたって主観的で、診断名をふやしたと批判していることです。

検察庁はそれぞれ独立してはいますが、法務省の行政機関であるわけです。横浜地検と総理官邸の安倍首相関係閣僚会議及び塩崎大臣との間に、齟齬がある。見解が分かれたわけです。片方は責任能力あり（つまりは精神疾患の影響なし）ということで起訴し、もう一方は措置入院妥当（精神疾患の影響あり）と判断した。この齟齬について、私たちはしっかりと指摘しておかなくてはいけないと考えます。

改めて匿名の問題に触れますが、横浜地検は、裁判所に次のようなことを求めたといいます。それは、暴力団による犯罪の被害者、性暴力の被害者は、「二次被害」を防ぐために特例として匿名措置をとるといっています。やまゆり園事件の被害者についても、二次被害を防ぐためにという同様の根拠を使い、適用するよう裁判所に求めている。

亡くなった方の「二次被害」とはなんでしょうか。改めて説明する必要はないと思いますが、こういう問題が起きているのです。

そして精神保健福祉法が、昨年の通常国会で「改悪」の動きがありました。四月七日に参議院本会議で審議入りし、当初一九日可決・成立、衆議院に送られる予定でした。「趣旨説明」という大臣の冒頭の説明に「相模原市の障害者施設の事件では、犯罪予告通りに実施された。多くの被害者を出す惨事となった。二度と同様の事件が発生しないよう、以下のポイントに留意して法整備を行う」という文章がありました。

これが何を意味するかというと、植松被告という精神疾患、精神障害を持つ措置入院者が起こしたことがこの事件の原因であると、事件と障害とを直結させているわけですが、これは違いますね。間違いです。これについて野党の追及により、政府は、趣旨説明のこの冒頭部分を「さしかえ」ではなく、事実上「削除」しました。削除したということは、法案の根拠を無くしたわけです。これを「立法事実を無くした」といいます。野党は、「立法事実（改正の根拠・理由）」がなくなったとして、法案の取り下げを求めます。審議は紛糾しストップした。しかし、塩崎大臣は謝罪したものの、「改正は一般的に必要」として、政府・与党は審議を進めた。押し切ったわけです。

改正案の内容は次のようなものでした。

① 措置入院患者の退院時とその後の対応については、代表者会議と精神障害者支援地域協議会（個別調整会議）に警察行政が関与すること。

つまりこれは、治安対策、防犯対策の扱いになっているわけです。

② 個別支援計画の策定にあたっては条文上、家族や本人の参画は認めておらず、それを本人に送付するだけ。

審議の結果、「ガイドライン（奨励）」においてはそれを配慮するということになり、五月一七日に参議院本会議で可決・成立します。民進党提案により、附則の改正が行われ、原案については、一部を除く野党が反対しました。

ところが、その後衆議院では審議入りできず、一〇月の解散・総選挙で法案は廃案となりました。精神保健福祉法の改正案は、いま、国会にはないという状態になっています。廃案になった法案はそのまま上程はできませんが、事実上、文言を一部変えただけで「別の法案」とみなされるので、そうやって次の通常国会に上程されると思います。

個人的動機から、優生思想と排外主義へ

次に、植松被告がなぜ事件を起こしたのか、ということを考えてみます。植松被告の「個人的動機から現代社会の優生思想・排外主義へ」という道筋が見えます。

彼は、学生時代に入れ墨や、美容整形をしています。自分の弱いところを、強いものに転化するという、ここに彼の基本的な思考スタイルがあると私は思っています。彼にとって刺青というのは単なる「飾り」ではなく、その筋の人たちがする「強い」ものの象徴という意味があり、自分が「強い人間」である証だったと思います。

ところが、その入れ墨がやまゆり園で働いていたときに発覚してしまいます。それまでの植松被告は「好青年」だったと尾野前会長は言っていますが、このとき、理事長や職員の間で「辞めさせるか否か」が議論されます。結論は、「まじめ」だからということで継続雇用となり、クビにはなりませんでした。プールなどがある場合にはウェットスーツを着て、入れ墨が見えないようにする。そういう結論になった。

このことが直接事件につながっているわけではないのですが、彼にとっては辞めさせるかどうかという議論自体が、おそらく「屈辱」以外の何物でもなかった。この屈辱感が、やまゆり園の知的障害者たち、犠牲になった人たちと自分は同じ立場だ、そんなふうに自分を見たのだと思うのです。「弱者」である重度知的障害者と、自分もまた「弱者」とい

う同じ立場だと同一視した。このことが何らかの「引き金」になったのではないだろうか。そう私は理解したのです。

普通であれば、強いものに向かって反抗すべきところを彼にはそれができなくて、プライドが、より「弱者」へと向けられていった。「弱者」である重度知的障害者と自分が屈辱的にも同一視させられる。しかも、その「弱者」（植松被告自身）に対峙した「強者」（理事長・職員）に不満が向けられることはなかった。失われたプライドや優位性をどうやって取り戻すか、彼は悩んだと思うのです。自尊心を取り戻し、「強者」の立場を取り戻すためには、まさに目の前にいる「弱者」、すなわち津久井やまゆり園の重度重複知的障害者を全否定するという方向に向かわなければならなかった。

自己愛性パーソナリティ障害を前提にすれば、彼は誇り高い人間ですが、自分が専門職として、いくらケアをしても効果が上がらない。意思疎通しようとしてもできない。そういう焦りがあったのではないか。いま、障害者施設や老人ホームで、職員が手をかけてしまう事件が起きていますが、横浜市の大口病院も点滴に異物が入れられて、二人でしたかね、患者の死亡が確認されています。未解決のままですが、犯人は病院の職員だとみられています。

専門的医療スタッフが、治療行為の効果が期待できず、その無意味さ、無力さ、強く虚しさが感じられてくる。何のためにと感じ、それを乗り越えるために異物を入れたのではないか。この専門家としての心理は、植松被告にも通じると思うのです。

くり返しますが、「自己愛性パーソナリティ障害」とは、他人からの評価よりも自分自身の評価の方が高い。植松被告は誇り高き男なのですが、しかしそれは実力以上の誇りだった。彼はおそらく専門家として、人間として、うちのめされた。したがって、専門的ケアがなんら効果もあがらないやまゆり園の重度重複知的障害者（意思疎通ができない）から、自己否定されたと感じたに相違ないと思うのです。

それが、彼が「意思疎通できない」ということにこだわる大きな理由です。絶対的自己否定は絶対的自己肯定に転化するわけです。彼にとっての自己肯定の復権は、彼を否定してくる存在、やまゆり園の知的障害者であって、そのため彼らの存在を否定し、抹殺するしかなかった。東京都の、静岡県の、あるいはどこかよその彼ら・知的障害者ではなく、やまゆり園の彼らでなければならなかった。私はそう考えます。

一九六四年に「ライシャワー米大使の傷害事件」が起きていますが、その事件とも重ねてみます。犯人は反米右翼の思想を持った「精神分裂病」患者の青年でした。外交問題になるのを避けるため、日本政府や当時のマスコミは「分裂病患者による犯行」という大キャンペーンをはりました。思想問題に関わる事件の原因を、「分裂病」問題にすり替えたのです。同様に、「ヒトラーの優生思想が降りてきた」「日本国と世界平和のために」「世界経済の活性化」「今こそ革命を行い」とした植松被告なのに、事件の原因を「精神障害（措置入院者）」にと、安倍首相や塩崎大臣によってすり替えられてしまった。

植松被告のその異常性は優生思想であって、彼は思想的確信犯です。彼は自分自身の個人的で、職業的専門性の挫折を普遍化し一般化にまで高め、「革命」という歪んだ正義感と使命感、それこそが、彼の手に包丁を握らせたのです。そしていまだに彼はそれを正当化・合理化している。

植松被告の「手紙」を分析する

何に彼の真意を見ることができるかというと、やはり手紙です。この手紙をきちんと読み込んでいくと、分かってくるものがあります。昨日、手紙をもう一度読みながら前後を入れ替え、私なりに整理してみました。すると三段階に論理が飛躍していることがわかる。

第一段のホップにあたる彼の文章は、「保護者の疲れきった表情、施設で働いている職員の生気の欠けた瞳」「障害者は人間としてではなく、動物として生活を過ごしております」「車イスに一生縛られている気の毒な利用者も多く存在し」となっています。

この段階では利用者、保護者、職員を観察して書いています。興味深いのは、「車イスに一生縛られて」「気の毒な利用者も多くいる」とシンパシーといいますか、同情の気持ちを見せています。これが第一段で、彼の問題設定だと私は理解しました。

ところが第二段のステップになると、「障害者は不幸を作ることしかできません」「障害者を殺すことは不幸を最大で抑えることができます」「保護者の同意を得て安楽死できる世界です」。

第一段では観察し、利用者に同情の意を表明していたのですが、第二段では一段階とは違って、不幸を作るしかないとか、安楽死がいいとか、すごく飛躍する。なぜこのように飛躍したのか、よく分からないところがありますが、言えることは、殺害の意志を示してはいますが、実行することはまだできなかっただろうということです。第二段階までならば、たぶん殺害を決行することはなかったと思うのです。

ところが第三段・ジャンプになると、「理由は世界経済の活性化」「日本国と世界の為と思い居ても立っても居られずに」「今こそ革命を行い、全人類の為に必要不可欠である辛い決断をする時だと考えます」と、さらに飛躍する。

第一段と第二段では彼は殺害行為には至らなかったと思うのですが、それを実行可能にしてしまったのが第三段の「思想」です。ここで彼なりにそれを普遍性・一般化に高めることに成功したのだと思います。単に「障害者は生きている価値がない、不幸を作ることしかできない」というだけでは、彼は殺害できなかったけれども、それを正当化するために「革命」という言葉まで使っている。使命感として確固たるものにしたわけです。

この三段階を手紙の中に読み取ることができる。私は、そう思います。

三段階にまで至る優生思想的な普遍性を考えると、措置入院中に話したといわれるのが、「ヒトラーの優生思想が降りてきた」というものです。もちろんヒトラーは政治家ですし、スケールも違い、直接比較することは難しいですが、あえてヒトラーの優生思想について話してみます。

彼は若い時に画家をめざすのですが、画家になれず挫折します。その後、「ゲルマン民族の優秀さ」という考えに目覚め、優秀なゲルマン民族こそがヨーロッパや世界を支配するべきだということで、非合法の政治闘争に入っていきます。そして逮捕される。獄中で書いたのが『我が闘争』です。この本に彼の論理があるのですが、ヒトラーは非合法から合法的に、議会民主主義を権力奪取に使うということに踏み切っていく。国会議事堂に火をつけて、共産党が放火したと弾圧するという陰謀を行ったりしながら、議席を多数獲得していきます。

それを可能にした理由の一つには、第一次世界大戦後のドイツの、膨大な国家賠償の問題があります。返済できないような莫大な額をフランスやイギリスから押し付けられ、大インフレと大失業の時代を迎えます。だから、ヒトラーが政権を握って何をしたかというと、アウトバーンの高速道路の公共事業や軍需産業で、完全雇用を達成します。労働者・国民の支持を得たことで政権を握り、おぞましい「民族浄化」をやるわけです。

その精神構造を植松と比べると、彼も教師になろうとして挫折をし、入れ墨事件で屈辱感を味わう。ヒトラーが画家になろうとして挫折をし、ゲルマン民族の優秀さに目覚めていき、権力を持つ強者になっていくというプロセスがあります。植松被告もコンプレックスを持ち、そこから強者に自分を転化しようとし、弱者を攻撃する。そういう似たような、精神構造が見てとれるのではないか。

まだもう一つの優生思想を分析しなければならないと思います。それは一九世紀の優生学です。一八世紀末のマルサスの『人口論』では経済理論は間違っていますが、人口は倍々に増えるけど、農地・農産物はそのようには増えない。貧者、病人などは飢餓に陥る。こうした劣性な貧者は淘汰されるべきで、優秀な人類のためには彼らを救済すべきではないということです。だから、マルサスは救貧法に反対したのです。植松被告の「安楽死」、人道主義的方法ともいわれる「安楽死」がそこに見てとることもできます。今日の財政や経済が厳しくなっていく状態がだからこそ心配になります。いわゆる二〇二五年問題ですね。

植松被告も時代の子であるし、そんな植松を生み出した背景には世界情勢や現代社会の闇があり、その意味で、時代が生み出した事件であるという面もあると思います。すなわち排外主義、ネオ・ナチの台頭、差別と分断、格差と対立、世界は今こうした状況に落ち込んでいるわけですが、その閉塞状況が、結果的に植松被告のルサンチマン（怨恨）を生み、排外主義になり、差別する側に立たせた。トランプ大統領など、平然と差別的なことを口にし、排外的な政策をやろうとしている。ヨーロッパでもネオ・ナチの勢力が台頭してきている。世界中が閉塞状況に陥り、不安定で難しい状況に入り込んでしまっています。

この事件をどう乗り越えるのかというとき、植松やヒトラーのように、強者に自分の立場を置くのではなく、排除され差別されている立場の人たちに立つことが、未来を切り開くことになるのではないでしょうか。他人事として事件を考えるのではなく、人権を尊重し、差別や格差をなくす、そういう生き方や立場にたち続けることが重要だろうと思います。

社会から他者化された被害者と加害者をわれわれの中に取り戻す作業、そのための社会変革が求められるのです。まだ答えは出ていませんが、やまゆり園事件を自分の中でどう消化していくか。そのことを改めて考えさせられた次第です。

（第3回差別と人権を考える横浜市民講習会　二〇一八年一月一七日（水）／主催　部落解放同盟横浜市協議会／共催　じんけんネット「ゆい」／講演収録原稿に、堀氏の加筆訂正を経て掲載した）
初出『ＫＩＧＡ　ｚｉｎｅｉ　２０１８夏号』（発行所　編集工房　飢餓陣営）

❷ 障害者理念（言葉）泥棒

「美しいバラには棘がある」というように、美しい理念（言葉）には落とし穴がある。その美しさの目くらましにあうかどうかは、私たちの分析力、そして思想と経験の深さに関わってくる。

脱施設・脱学校・脱病院のイワン・イリイチは、一九七三年に、「共生」（CONVIVIAL）を提唱した。経団連会長も、九〇年頃に「共生」を口にしている。

津久井やまゆり園事件　この悲しみを力に　ともに生きる社会を実現します――　平成二八年七月二六日、障害者支援施設である県立「津久井やまゆり園」において、大変痛ましい事件が発生しました。このような事件が二度と繰り返されないよう、私たちはこの悲しみを力に、断固とした決意をもって、ともに生きる社会の実現をめざし、ここに「共に生きる社会がかながわ憲章」を定めます。

ともに生きるかながわ憲章

一　私たちは、あたたかい心をもって、すべての人のいのちを大切にします

一　私たちは、誰もがその人らしく暮らすことのできる地域社会を実現します
一　私たちは、障がい者の社会への参加を妨げるあらゆる壁、いかなる偏見や差　別も排除します
一　私たちは、この憲章の実現に向けて、県民総ぐるみで取り組みます

平成二八年一〇月一四日　神奈川県

（注　津久井やまゆり園再建の基本構想は、二つの小規模施設等の分散型。）

以下は、私が編集長をしている『季刊福祉労働』（現代書館）二〇一七年一二月冬号　特集障害者差別解消法　の私の編集後記。

法律と実態、理念（言葉）と実態の間には往々にして乖離というものが生ずる。実態が法律や理念になかなか追いついていけない現実、建前としての法律や理念が実態を結果的に隠ぺいしてしまう事実、また、法律や理念が実態からの告発に対して意図的に矮小化・言い逃れをしてしまうことなどがあろう。一方、その現実は、性善説の限界または性悪説の想定外に起因するともいえる。したがって私たちにとって肝要なことは、法律や理念の「建前」を武器に闘うことである。

こうした様々な状況が私たち障害者の周りには沢山ある。大規模入所施設と地域移行、特別支援学校とインクルーシブ教育システム、障害集約型サービスの見えざる壁と共生、そこには総じて法律や理念とは大きく隔てられた実態、その実態に対して空間的、時間的闘争が存する。

さて、問題を日本国憲法に目を転じてみると、そこにはやはり安倍総理が画策している9条改憲がある。安保関連法（戦争法）然りである。ただし、この場合は、安倍総理の頭の中では実態を憲法の理念に近づけるのではなく、逆に、解釈改憲である。個別的自衛権から集団的自衛権への、戦後二度めの解釈改憲である。

空母カールビンソンの打撃軍と海上自衛隊の「合同演習」。こうして、軍事的圧力を強める。

憲法第9条　日本国民は、正義と秩序を基調とする国際平和を誠実に希求し、国権の発動たる戦争と、武力による威嚇または武力の行使は、国際紛争を解決する手段としては、永久にこれを放棄する。

軍事的「圧力」、すなわちそれは「威嚇」である。米軍との集団的自衛権の行使、「圧力」すなわち「威嚇」。また、小野寺防衛大臣は、米軍の弱体は我が国の基本的存立基盤の危機につながると述べ、グアムに向けられたミサイルを迎撃することもありうるとした。だからこそ、実態を理念に、が一層求められる。

（月刊ウェブサイトマガジン『オルタ通信』二〇一八年一月号）

❸ 共生の遺伝子

贈与の哲学と経済学

ロマン主義哲学の一部に「人間は自然に帰れ」という主張があるが、私は「人間の自然に帰れ」という。動物は基本的に子どもを母親が単独で育てるのだが、人間は人間としての進化の中で、単独ではなく協同で子ども・幼児を育てるように進化したのである。動物と違って人間は本来子ども・幼児を協同で育てることしかできない存在に進化した。

脳科学でも最近、そのことが明らかになってきた。だから、私は、子ども・幼児を協同で育てるという「人間の自然」「人間だけが持つ自然」に帰れというのである。

協同こそが人間なのである。人間の本質なのである。

アフリカにヴァガ族という部族がいて、そこでは、母親が森の中へ出かけるときにも残った女たちが皆で子ども・幼児をみる。それが自然の風景になっている。ところがこれに対して、私たちの周りはどうか。核家族の中で、子育て中の母親は孤立し、孤独と不安の中で子育てをしなければならない。また、たとえ保育園や幼稚園があるにしても、０歳児保育が用意されているにしても、相手は職業としての施設の専門家であり、異動もし、そもそもお互い協同生活の基盤が失われている関係にある。「人間の自然」「協同の自然」が奪われ、崩壊しているのが現代なのである。ちなみに、この場合の子育ての協同が、母親だけでなく男女の協同に社会化されてきたことはいうまでもない。

また、脳科学では意外にも母性本能を「本能」とはみていない。人間にとって母性本能は必ずしも「本能」とは言えないのである。兄弟姉妹、近所の子どもが多くいる中で、面倒をみながら母性本能もそだつという。だから、今や一人っ子か二人、多くても三人程度というのが現状である。しかも、近所にも子どもが少ない。そんな環境で若い母親に、「今の母親は子育てもできない」と不満をもらしても、そんな社会環境を作ったのは、特に六〇年代の高度経済成長を経て核家族化の生活環境を作ったのは、不平不満を言うその人たちではなかろうか。

さて、本章では、「人間的不等価交換論」を可能にするための贈与の哲学と経済学についての基礎的検討を行ってみたいと思う。それには、まず、共生社会・主義における「共生」についての理論的検証から始める。

私の説である「共生の遺伝子説」は、動物行動学者のドーキンスの「利己的遺伝子説」、ハミルトンの「血縁淘汰説」に由来して発展させたものである。その個所を拙著から掲載することとしよう。なぜなら、ドーキンスの「利己的遺伝子説」も実は本章の贈与と互酬性に深くかかわってくるからである。

まず、私の「共生の遺伝子説」において、なぜ、どのように「共生の遺伝子」を進化の過程で人類がそれを形質として獲得したかについて簡単に説明し、そのうえで、ドーキンスの「利己的遺伝子説」の「利己」と「利他」に関連した拙著の『「共生の遺伝子」の仮説から説へ』をここに掲載する。

ドーキンスは、生物の生存は種の保存ではなく、個体を乗り物としたDNA（遺伝子）の生き残りの戦略と解く。そしてハミルトンは、さらに一見利他的とも見える行動を「血縁淘汰」によるものと解く。

動物行動学としては人間も動物であるから、「利己的遺伝子」「血縁淘汰」に支配されて行動する。しかし人間は動物であると同時に、その例外者でもある。つまり、私は、動物の例外者としての人間は「共生の遺伝子」によって支配された行動もとるとしている。しかもそれは、神の啓示や道徳律によってではなく、人類の進化の過程で「共生の遺伝子」を形質として獲得したものと考える。

ドーキンスの「利己的遺伝子説」では、例えばライオンなどは子殺しをするのであるが、それは種の保存からでは説明がつかないとしている。種の保存なら子殺しをする必要がないからである。ではなぜ、子殺しをするのか。それは雌や子どもの群れ（パイロット）を新たに獲得した雄は、子育て中の雌が交尾をしないため子を殺し、雌に発情させて、自分の子（子孫）を産ませるのである。個体の子孫を残すために、ＤＮＡ（利己的遺伝子）が自ら生き延びるために戦略としてこうした行動を個体にとらせる。インドに住むベンガル虎の場合も、子の死亡の半分は雄に殺されるという調査結果もある。

しかし、「利己的遺伝子」だけでは説明がつかないこともある。ミツバチの働き蜂は女王蜂のために、スズメバチと戦って死ぬ。「利己的遺伝子説」なら逃げるはずである。女王蜂のために戦って死ぬことはありえない。この一見利他的とも見える行動を、ハミルトンは「血縁淘汰説」によって説明した。親子、兄弟などの血縁がそのような行動をとらせるのである。

人間も動物である。動物は「利己的遺伝子」「血縁淘汰」によってのみ支配され行動するが、人間は同時に動物の例外者でもあるので「共生の遺伝子」に基づいても行動する。

私たちの祖先は森の木の上で生活していた。しかし祖先は、安全な木の上から地面に降りる。さらに森から、肉食獣がいる危険なサバンナに出ていく。なぜこうした行動をとったかは進化論でも説明できない。人間は哺乳類の中でも体が大きく、目立ち、牙も角もない。足も遅い。私たちの祖先が危険なサバンナで生き延びて絶滅しなかったのは、不思議といえる。それは何よりも、祖先が助け合い仲間同士で共に生きたからである。動物は基本的に単独で生存できるが、人間は単独では生存できなかった。

この進化の過程で、子殺しもしない新化によって、人間は「共生の遺伝子」を形質として獲得したのだと、私は唯物論的進化論からそれを解く。（拙著四一ページ）

〔一〕「共生の遺伝子」の仮説から説へ

『神は妄想である』（早川書房）の中で、ドーキンスは、道徳と宗教は直接関係なくダーウィン主義の自然淘汰において道徳を説明し、利他的行動もそのように見ている。私も実は人類が進化の過程で「共生の遺伝子」を形質として獲得し、むしろ道徳律や宗教、政治的スローガン以前にそれを獲得したと仮説を立てたのである。私のこの仮説はおおむねドーキンスの理論とほぼ同じであり、「仮説」から「説」になりうると確信した。ただドーキンスは、ダーウィン主義の自然淘汰における動物行動学の視点から道徳と利他的行動を理論的に説明している。私の場合は、「社会的存在が人間の意識を規定する」という観点から社会的環境論の重要性、つまり利己的遺伝子があるいは共生の遺伝子のいずれかの遺伝子がそれによって出現しやすいかを決定づけ、社会環境、経済構造、および価値論にその既定の根拠を求めているのである。自然科学から社会科学への転換に他ならない。

つまり、それは私の「共生の遺伝子説」において一層明らかになるのだが、利己的遺伝子に支配されることに対するドーキンスの「利己的遺伝子説」に向けられた唯物論者からの批判もその曲解とともに「利己的遺伝子説」と同様にその決定論においてもなんら敵対・矛盾するものではないということである。あわせてドーキンスを擁護すれば、ダーウィン主義の自然淘汰に基づいた「利己的遺伝子説」が、利他的行動をもたらせる進化の過程を遺伝子伝達と文化伝達、遺伝子とミームの関係にまで高めたことに評価を与えてよいであろう。

それでは、『神は妄想である』にしたがって、ドーキンスのダーウィン主義の自然淘汰とその進化における「利己的」から「利他的」への理論展開を検証してみたい。

ダーウィン主義の論理によれば、自然淘汰の篩の眼をくぐって生きのび伝えられる。生命の階層秩序における特定の単位が利己的な傾向をもっていることになる。世界のなかで生き残る単位とは、この階層秩序のなかで、自分と同じレベルにいるライヴァルを犠牲にして生き延びることに成功したものである。厳密にはそれこそが、この文脈で利己的という言葉が意味するものである。問題はその作用の舞台となるレベルはどこか、ということだ。力点を正しく、後ろのほうの単語（遺伝子）に置いた、利己的な遺伝子という考えの趣旨は、自然淘汰の単位（つまり利己主義の単位）は利己的な個体ではなく、利己的な集団でも、利己的な種でも、あるいは利己的な生態系でもなく、利己的な遺伝だということにある。情報という形で、多数の世代にわたって生き残るか、残らないかというのは遺伝子なのである。

と、ドーキンスは利己的遺伝子の存在様式をこのように説明し、個体は利己的遺伝子の乗り物で、生きのびるための戦略にすぎないとしている。しかし同時に、一見したところ進化は自然淘汰によって推進されるというダーウィン主義の考え方は、私たちが持っている善良さ、あるいは道徳心・礼節・共感・哀れみといった感情を説明するのには適していないように思える。空腹感・恐怖・性欲についてなら、自然淘汰でたやすく説明できる。すべて、私たちの遺伝子の生き残りないし存続に直接貢献するからである。しかし、泣いている孤児、孤独に絶望した年老いた寡婦、あるいは苦痛にすすり泣く動物を見た時に私たちが感じる、胸が痛むような思いやりの気持ちについてはどうだろうか？

ドーキンスは問う。更に続けて、「善良さは、『利己的な遺伝子』説とは両立しえないのではないのか？」そしてその後すぐ「いや違う、これはこの理論についてよく見られる誤解」と答えている。

人類は血縁の小さな集団ごとに群れをつくり、その意味ではハミルトンの血縁淘汰説に立って、そしてその後集団と集団の関係が利他的な行動をも生みだして進化してきたと、ドーキンスは理論づけるのである。それは次のように説明できる。

ふつう、この遺伝子の利己主義は個体の行動における利己主義を生み出す。しかし、いずれ述べるように、遺伝子が個体レベルにある限られた形の利他主義を助長することによって、もっとよく自分自身の利己的な目標を達成できるような特別な状況も存在するのである。(ドーキンス著『利己的な遺伝子』紀伊国屋書店　書評ピーター・スグワー卿「公共の利益のために」)

本章に関連して重要な点は、ダーウィン主義にもとづくまっとうな理由が四つできたことになる。第一に、遺伝的な血縁という特別な場合がある。第二に、互恵性、すなわち与えられた恩恵へのお返しを『予測した』上で恩恵を与えることがある。これから派生する第三のもの、すなわち気前よく親切であるという評判を獲得することのダーウィン主義的な利益がある。そして第四に、もしザハヴィが正しければ、誤魔化しようなく認証される広告効果を得る手段としてのこれ見よがしな気前よさにより得られる特別な付加的利益がある。

先史時代のほとんどを通じて、人類は四種類の利他行動のすべての進化を強く助長したと思われる条件のもとで暮らしていた。（中略）私たちの群れのメンバーのほとんどは血縁者で、他の群れのメンバーに比べてより近縁であっただろう――血縁淘汰が進化する機会はたっぷりあった。そして、血縁であろうとなかろうと、私たちは一生を通じて、同じ人間に何度も繰り返し出会うことになっただろう――互恵的利他主義の進化にとって理想的な条件である。

として、功利主義に向かう遺伝的傾向が初期人類において推進されたとみている。

このようにドーキンスは、ダーウィン主義に基づく人類の進化、利己的から利他的への進化が理論的になんら矛盾するものでないことを明らかにした。それが私の、「利己的遺伝子説」、「血縁淘汰説」、「共生の遺伝子説」の進化の過程なのである。

ドーキンスがダーウィン主義における淘汰から「利他的」を導き出したことについて、私の場合、人類が進化の過程で獲得した「共生の遺伝子」が、社会環境によって「利己的」か「共生」かのいずれの遺伝子が出現しやすいかという、自然科学から社会科学への環境決定論への道を開いたのである。その「共生の遺伝子説」を基礎にして、倫理的正義と道徳に信頼をおき、交換様式における贈与と互酬性の連帯経済、共生社会・主義経済を創造することに基づくのである。（以下略）（堀利和著『アソシエーションの政治・経済学―人間学としての障碍者問題と社会システム―』社会評論社）

❹ 人間関係って、な〜に？

東京の大田区でのことだが、住宅地の中に一時的な遺体安置所がつくられていることがわかって、それで住民からの反対の声があがっているというニュースが流れた。この施設は一見倉庫のような民間の建物で、それというのも最近荼毘にふす葬儀所がいっぱいで、どこかに遺体を一時的にも保管しなければならない事情がうまれたということである。

住民の気持ちはよくわかる。もし隣にそんな倉庫ができたら、私も心おだやかではいられない。しかしなぜ、遺体の保管倉庫が近くにあっては困るのか。度胸試しのために一人お墓に行く恐さはわかるとしても、そもそも遺体とは何なのか。魂の抜けた単なる「物体」ではないのか。物体だから焼くことができる。されど、誰の遺体か、誰の物体なのかである。家族が亡くなれば、遺体にさえすがりつく。物体となった遺体にすら、化粧をする。それではなぜ、大田区の住民は遺体の安置所（倉庫）に反対するのであろうか。彼らが非人間的で、無慈悲な人たちだからであろうか。それはおそらく、見ず知らずの他人の遺体だからにすぎないからであろう。肉親なら泣きくずれる遺体（物体）も、関係のない他人の遺体（物体）なら、不気味さと畏怖の念を抱くのも無理からぬことであろう。

大阪の公園では、こどもたちが遊ぶ声に周辺住民から苦情があがった。こどもたちを遊ばせるなというものであった。

そこでNPO団体が間に入って、こどもたちと住民との交流を始めた。するとしばらくたって、住民からの苦情はなくなった。それまでこどもたちの声が騒音としか聞こえなかったものが、次第にこどもの「声」として、花子ちゃん、太郎ちゃんの「声」として聞こえるようになっていったのである。交流によって、それまでの騒音がこどもの「声」に変わった。

近所の魚屋に初めて買い物に行ったとき、アサリをビニール袋に入れるのもお釣り出すのも遅くて、私は幾分いらいらした経験がある。両親と兄、弟の四人家族の店で、その後、弟が幾分判断の能力の低い（あえて言えば軽度の知的障害）青年であることがわかった。それ以来、ゆっくり買い物をする自然体の自分を、私はその店で感じるのだった。

遺体も、声も、動作もすべて、私たちが向き合う「関係」の中に、その意味は隠されている。貧困な関係なのか、ゆたかな関係なのか、それはおそらく私たちが創り出す「関係」そのものなのかもしれない。


（共同連機関誌『れざみ』巻頭言）

第2章　共　働

1 社会的事業所の見方・考え方

社会的事業所の立ち位置

　共同連が法制化をめざしている社会的事業所を、大局的にかつわかりやすくその内容としくみ、理念と実践の系譜、そしてそれらを取り巻く周辺の政策とに関連付けながら、見方・考え方を簡潔に述べてみたい。としながらも、社会的事業所は実に奥が深い。それだけに説明もましてや実践も、現実の中では困難も強いられ、決して容易なことではない。

　しかしながら、共同連の仲間はそれでもなお日々奮闘し、周囲からの誤解や警戒心にもめげずに実践している。社会的事業所に対するその警戒心とは、すなわち職員・健常者のそれであって、職員・健常者が、支援員ではなく利用者・障害者と同じく対等平等の同僚になってしまうということでもある。それは、彼ら彼女らにとってはおそらく耐え難いであろう。加えて、収入面も賃金ではなく「分配金」であるため、障害あるなしにかかわらず、労働能力が高かろうが低かろうが、それぞれの生活の実態と状況にあわせて等しく分配するということにもよる。支援員、指導員の関係ではもはやいられない。収入も、実質的不平等ではない。おそらく、そのことに対しての警戒心、違和感であるといってよいであろう。

もちろんここで言い訳が許されるなら、共同連傘下のすべての事業所がそれを完全に原則通りに実践できているかといえば、必ずしもそうとはいえない。不十分な点も多々みられる。そのことを次のことから参考にすれば、たとえば昨年一一月、イタリアの協同組合の第一人者マルゾッキ教授の講演を聞いた際に、社会連帯経済・協同組合がもっとも進んでいるイタリアにおいて、しかしそのための困難・課題といったものがあるとしたらそれは何かと質問したところ、教授は、協同組合を持続可能に成長させていくための理念とそのモチベーションの維持・継続が重要だと答えた。協同組合の先進国でもやはりそうなのである。その点に関していえば、共同連の社会的事業所は協同組合のシステムをとってはいないものの、その理念と方法論においてはいたって同質のものを有していると言える。

ところで、社会的事業所促進法案大綱では韓国の社会的企業育成法をかなり下敷きにはしているが、むしろその理念と方法論においてはイタリアの社会的協同組合法B型に限りなく近いと言える。その意味からも、ワーカーズ・コレクティブネットワークジャパン（WNJ）や、ワーカーズコープ・日本労働者協同組合連合会と連携もし、同様の理念の下に運動を進めているところである。決して、その限りにおいては、狭義の意味の福祉制度・福祉的就労を自明のこととしているわけではない。

しかしいずれにせよ、社会的事業所促進法が制度化されていない限り現行の福祉制度等に依拠せざるを得ず、また、能力主義・成果主義・競争主義の現在の経済社会にあって、したがって商品市場経済の現実的な荒波の中で、なんとか生き延びなければならないことも、事実である。それは、社会的事業所の壁の外は商品市場、壁の中は非市場であるというように、とどのつまり、共働と市場の両輪をバランスよくうまく統一させなければならないという困難である。ただ言えるのは、現状に留まっていたのでは、すなわち支援員と利用者の関係の福祉制度に留まっていたのでは、私たちの「共働」は実現しないし、新しい社会的価値も創造できない。

障害福祉及び雇用制度の概要

一九四九年に身体障害者福祉法が制定され、戦後まもなく結核患者回復者のコロニー（授産所）及び身体障害者の授産事業が始まる。六〇年に精神薄弱者福祉法（現、知的障害者）

が制定される。一方、五五年のＩＬＯ九九号「身体障害者の職業更生に関する勧告」（注Disabled「障害者」を、政府外務省は「身体障害者」と訳した）を受けて、六〇年に身体障害者雇用促進法が制定されることとなった。

七〇年代に入ると、福祉法に基づく通過施設としての既存の授産事業に加え、親、福祉関係者、当事者らの自発的な小規模作業所・共同作業所の運動が活発になり、自治体の助成制度を皮切りに七九年には厚生省も予算措置としての知的障害者の作業所に助成制度を設け、そしてその後身体、精神障害者の作業所にも助成制度を創設したのである。

また、身体障害者雇用促進法は七六年に努力規定から納付金制度に基づく義務雇用に改正され、八五年には同法が障害者の雇用の促進等に関する法律に大改正された。あわせて、特例子会社制度も創設されたのである。

福祉法関連では予算措置として福祉工場が制度化されて、この時期、就労形態としては小規模作業所、授産所、福祉工場、雇用促進法の直接雇用と特例子会社ということになる。

九三年に障害者基本法が改正されて、「精神障害者」が新たに定義付けられた。九四年にはそれまでの精神保健法が精神保健及び精神障害者の福祉に関する法律に改定された。

二〇〇六年の障害者自立支援法により、就労継続支援事業Ａ（雇用型）、Ｂ（非雇用型）、就労移行支援事業などに改められる。

雇用促進法ではすでに身体及び知的障害者は法定雇用率に定められていたが、精神障害者については実雇用率に算定されてはいるものの、法定雇用率は今後二〇一八年四月からとなっており、0・2ポイント上がって現在の2%から2・2%に見直されることになる。

以上が福祉及び雇用制度に関する二本立ての政策の戦後の歩みであるが、残念ながらそこからは「社会的事業所」制度は全く見えてこない。障害福祉制度の限界であるとともに、縦割り行政の限界でもある。それを突破できたのが、生活困窮者自立支援法のはずであった。だが、それも期待通りにはならず、挫折した。

わっぱの会の発足から社会的事業所へ

七一年に発足したわっぱの会の七〇年代は、小規模作業所運動が新たな展開をみせた。しかし、自治体のわずかな補助金の助成制度であっても、それは作業「訓練」がその制度の根幹を成していた。そのため、先生(職員)と訓練生(障害者、五十面をさげた)の関係である。

共同連はそもそも、「先生と訓練生、指導員と訓練生、支援員と利用者」の関係性を差別とみている。障害ある人ない人が、自らの労働能力に応じて対等平等の立場で共に働き、お互い労働者・同僚という関係を築いてきている。差別の克服、これが共同連の一丁目一番地の「共働」であり、原理であり、それを体現したのが「共働事業所」であって、それをさらに発展させたのが「社会的事業所」である。共働事業所の運動から、社会的に排除された人が30％以上、そしてそうでない人とともに働く社会的事業所への二〇一〇年の共同連の発展的政策転換に大きく影響を与えたのは、二つの法制度であった。一つは一九九一年に制定されたイタリアの社会的協同組合法（B型）であり、もう一つは二〇〇七年の韓国の社会的企業育成法である。昨年一二月には、九五年から国際交流を続けてきた韓国障碍友権益問題研究所との共催により、ソウル市で第七回日韓社会的企業セミナーを終えたばかりである。

韓国では非正規社員が六割に達しているが、日本でももはや労働者の四割が非正規社員となっている。格差社会がますます深刻化している現下の状況において、社会的事業所促進法の制定は不可欠であるといえる。それは同時に、「下流老人」にも所得補填の役割を果たすことが期待されるからである。

その「下流老人」の所得補填についてさらに言及すれば、アンソニー・B・アトキンソン著『21世紀の不平等―ピケティの師アートキンソン　格差をあきらめない15の方法―』（東洋経済新報社）のなかに、次のようなことが書かれている。「レズリー・ハンナが『退職の発明』のなかで、退職について同じ見解を述べており、そこで彼は『この概ね新しい現象を正確に理解するためには、雇用関係に目を向ける必要がある』と述べている。個別の事象としての退職は、かつての産業革命以前の経済には存在しない特性であり、『中世の独立した労働者が年をとると、働く量を減らし、生産量も減らしたが、何か生み出すことができるあいだは働き続けた』という。」ことに留意したい。

それでは次に、社会的事業所促進法案大綱の一部と、私が定式化した「共働・社会的事業所の七原則」と「テーゼ」を紹介する。

社会的事業所制度について

社会的事業所促進法案大綱（二〇一二年五月）

二（目的）この法律は、社会的不利益を何らかの理由により負わされ、そのため、就労が困難な状態に置かれる者に対して労働の機会を与え、就労が困難でない者と共に働き、かつ、対等に事業を運営することができるようにし、もって、労働を通じた社会的包摂を達成することを目的とする。

四（対象者）「就労が困難な状態に置かれる者」とは、社会的不利を何らかの理由により負わされている者であって、障害者、難病者、ひきこもり、ニート、アルコール又は薬物その他の依存症者、刑余者、シングルマザー、ホームレスの人、性暴力被害者、外国人移住者及び生活保護受給者等の人をいう。

共働・社会的事業所の七原則

一〈形態〉福祉制度は法の対象となる障害者だけにサービスを行い、就労の「場」一ヶ所に障害者だけを集め、その対象者に対して少数の職員が支援するサービス形態となっている。これに対して社会的事業所は、社会的に排除された人を30%以上含み、そうでない人と共に働くという構成員の「形態」。

二〈寛容性〉労働はそれぞれの能力と障害の特性に応じ、かつ事業の役割において働く相互の「寛容性」。

三〈対等性〉民間企業では人間関係が上下の縦型、福祉施設では職員と利用者の関係となっている。これに対し、共働は相互に対等平等な横型の人間関係に置かれる「対等性」。

四〈制度〉必要経費等以外の純収益を、それぞれの生活の実態と状況にあわせて分配する分配金「制度」。

五〈保障〉事業所に働く者すべてが労働者性を確保した身分として労働法制の適用を受ける「保障」。

六〈民主制〉事業所の運営は原則全員参画を前提にした「民主制」。

七〈戦略〉公的および社会的支援を受けつつも、可能な限り補助金や寄付に頼らない事業収益を確保するための経営「戦略」。

社会的事業所の価値に関するテーゼ

一　**社会的価値**　重度の障害者が働くということは、現代社会にあって「価値」である。排除された人も同様である。その人たちが生産する物やサービスは、同時に消費者にとってもより有益であることを目的にしている。安心・安全、環境にやさしい、人にやさしい「価値」でもある。この二つの「価値」は同一の価値を形成し、現代社会を問い、その持つ意味は「社会的価値」である。（以下、略）

内閣法を求めて

社会的事業所促進法は議員立法にはなじまない。なぜなら、社会保険料等の減免措置、及び税制上の優遇措置、その他公的支援などの制度設計のしくみになっているため、政府提出の閣法にならざるを得ない。現下の政治状況を見る限り、残念ながら今だ見通しさえ立たない。

しかしそんな厳しい状況の中でも、私たちは事業所の理念や豊かな人間関係に満足し、「今」を満喫している。未来は私たちの手の中にある。社会的事業所の「共働」が、未来への普遍的な働き方の扉を開くことになると信じているからである。

そのための現実政策の緊急課題は、安倍政権がいう「働き方改革」ではなく、私たちがいう働き方改革、すなわちそれは社会的に排除された人・生活困窮者の働き方、定年後の高齢者の働き方、そして長時間労働の過労死を根絶するための働き方、それら三位一体を同時に根本から解決する働き方改革でなければならないであろう。

（共同連編『共働を創る』二〇一八年八月）

2 労働包摂型社会的企業、すなわち社会的事業所

社会的事業所を英語でどう表記するか、時々聞かれることがある。社会的事業所を、一般的にソーシャルエンタープライズ（社会的企業）、ソーシャルファーム（社会的企業）と表記しても必ずしも正確ではなく、また、社会的企業の一分野であるＷＩＳＥ（ワーク・インテグレーション・ソーシャルエンタープライズ）といってもなかなか的を射ない。

それではそれをどう表記し、社会的事業所をその概念に即してより的確にどう表現すればよいのかということになる。ちなみに日本語でも、私は「共働・社会的事業所」と書く場合もある。そこで、先ず、『社会的企業への新しい見方』（ミネルヴァ書房　二〇一七年五月）を参考にしたい。

この本は、東大の大学院の修士論文でわっぱの会を調査研究した米澤旦さん（明治学院大学准教授）が、その後も共同連とのかかわりを持ちながら更に研究を進め、サードセクター論、社会的企業の概念整理をする中、ＷＩＳＥを「労働統合型社会的企業」としてそれを「支援型」と「連帯型」に定義づけ、社会的事業所を連帯型としたのである。

支援型には「風の村」の「ユニバーサル就労」が定義づけられている。私は、きょうされんも支援型とみている。というのも、作業所の職員が、利用者である障害者（仲間たち）を制度通りに支援しているからである。

これに対して現行制度はともかく、共同連がめざしている社会的事業所は、障害（社会的排除）ある人ない人が対等平等に自らの労働能力に応じて働き、賃金ではなく「分配金」としている。それはいうまでもなく、支援する・される関係をアウフヘーベン（止揚）した「共働」そのものである。これがまさに連帯型であり、就労を通したソーシャルインクルージョン、コミュニティインクルージョンの実現なのである。

米澤さんがいうこの連帯型を私なりにもう少し短絡化し、英語の表記を簡潔にすると、「労働包摂型社会的企業」すなわち「ワーク・インクルージョン・ソーシャルエンタープライズ」ということになる。インテグレーションの「Ｉ」を、インクルージョンの「Ｉ」に書き改めた。労働統合型のＷＩＳＥから労働包摂型のＷＩＳＥ、すなわち社会的事業所。

一九九四年の「サラマンカ宣言」では、インテグレーション（統合）の限界を乗り越えてインクルージョン（包摂）とした。概念を発展させたのである。障害者権利条約でもインクルージョン（包摂）、ただし外務省では「包容」と訳している。

ちなみに、私は、インテグレーション（統合）とインクルージョン（包摂）の関係を比喩として次のように説明する。化学反応でいえば、「統合」は砂糖と水をまぜた砂糖水（混合）、これに対して「包摂」は $H_2+O=H_2O$（化合）となり、質的変化、すなわち社会的変化である。健常者は健常者のままではいられない。健常者も変わらなければならない。ましてや、障害者の健常者化ではない。社会変革である。

社会的事業所に関する社会原論

社会的事業所に関連して三つの社会様式について提言すれば、社会参加、社会統合、社会包摂の三段階論となる。それは一般就労としての社会参加、就労支援としての社会統合、そして社会連帯としての社会包摂である。なかでも、社会包摂は、社会参加と社会統合をアウフヘーベン（止揚）した社会様式である。

アウフヘーベンとは、ヘーゲル哲学の弁証法論理学であって、「否定の否定」、すなわち参加と統合を止揚した概念である。つまり、社会包摂は普遍性を獲得し、社会総体が高次元のレベルにまで達することを意味する。したがって、現段階における現状分析としては、社会的包摂としての社会的事業所の存在は例外的、特殊的なものにならざるをえない。それを絶えざる社会変革により普遍性にまで高め、もって、普遍主義の地位を獲得するための運動であるとも言い換えることができる。

それらを意味するのは、経済学において、労働の形式的等価交換・実質的不等価交換、労働の実質的等価交換・等労働量交換であり、そして労働の人間的不等価交換・不等労働量交換である。すなわち、それは、「否定の否定」の弁証法によって社会参加、社会統合、社会包摂という社会様式の発展的三段階論であることに他ならない。

（二〇一七年一二月　第七回　日・韓障害者社会的企業国際シンポジウム）

3 社会的事業所論

私が代表を務める共同連は以前、障害ある人ない人が対等平等に共に働く「共働事業所」づくりの運動を進めてきたが、イタリアの社会的協同組合法（B）と韓国の社会的企業育成法を受けて、現在「社会的事業所」制度の法制化をめざしている。それは、社会的に排除された人・脆弱階層を30％以上、そしてそうでない人と共に働く社会連帯経済の実態経済としての社会的企業の一分野に属するものである。それではここで、私が定式化した「原則」と「テーゼ」についての抜粋を紹介したい。

共働・社会的事業所の七原則

二（寛容性）労働はそれぞれの能力と特性に応じ、かつ事業の役割において働く相互の寛容性。

三（対等性）民間企業では人間関係が上下の縦型、福祉施設では職員と利用者の関係となっている。これに対し、共働は相互に対等平等な横型の人間関係におかれる対等性。

四（制度）必要経費等以外の純収益を、それぞれの生活の実態と状況にあわせて分配する分配金制度。

六（民主制）事業所の運営は、原則全員参画を前提にした民主制。

社会的事業所の価値に関するテーゼ

一　社会的価値

重度の障害者が働くということは、現代社会にあって「価値」である。社会的に排除された人も同様である。その人たちが生産する物やサービスは、同時に消費者にとってもより有益であることを目的としている。安心・安全、環境にやさしい、人にやさしい「価値」でもある。この二つの「価値」は同一の価値を形成し、現代社会を問い、その持つ意味は「社会的価値」である。

そして、社会的事業所に関連して三つの社会様式を提言すれば、社会参加、社会統合、社会包摂の三段階論となる。それは一般就労としての社会参加、就労支援としての社会統合、社会連帯としての社会包摂である。最終段階としての社会包摂は、社会参加と社会統合をアウフヘーベンしたものである。

経済学においては、労働の形式的等価交換・実質的不等価交換、労働の実質的等価交換・等労働量交換であり、そして労働の人間的不等価交換・不等労働量交換である。すなわち、それは、「否定の否定」の弁証法によって社会参加、社会統合を止揚した社会包摂という社会様式の発展的三段階論というものになる。

（『ロバート・オーエン協会年報』42）

4 日本における障害者就労の「多様」な形態と欧州・韓国の社会的企業

職業能力に応じた就労形態の輪切りと国際比較 ――――

雇用促進法の一般就労と支援法の福祉的就労の歴史的位相を検証してみると、なるほど就労形態の今日的多様性、しかしそこにはみごとに能力主義に彩られた輪切りの実態が貫徹されていることに今さら驚く。これほどまでにきめ細やかな「多様」な制度は他国にはおそらくみられないであろう。その点について、先ず歴史をふり返ってみる。

一九六〇年に身体障害者雇用促進法が制定され、それに先立ち戦後まもなく結核患者回復者のためにコロニー授産事業所が設けられ、障害者福祉の分野でもその後授産事業が進められた。七〇年代に入ると、雇用促進法は義務化され、一方、小規模作業所が自治体の助成により「生きる場」対策として増えていった。

八〇年代には身体障害者雇用促進法から障害者雇用促進法へと改正され、その制度の中に特例子会社が設けられた。また、福祉制度の予算措置として福祉工場も誕生した。

二〇〇六年以降の自立支援法では、就労移行支援事業、就労継続支援事業Ａ（雇用型）、Ｂ（非雇用型）、地域活動支援センターⅡ型（就労系）、あるいは、生活・就業支援事業および就労支援センターなど多岐にわたって施策が展開されている。

それらの諸施策を肯定的に評価すれば、障害者一人ひとりの職業能力とニーズに応じて働く「場」が用意され、「多様」な形態の働き方が進められてきたといえる。それは、自立支援法がもつ政策目標の一つとして、福祉から雇用への証左である。したがって政策全版を見渡せば、たしかに「多様」な働き方の機会が用意され、能力に応じてステップアップしていくかにみえる。だが、たとえば就労継続Bに通所する障害者が、一般就労に移行するということはほとんど皆無に等しい。おそらく万年B型障害者となろう。職業能力に応じて、しかしそれは結果として分けて・分離して、なぜなら政策対象が「障害者」だけに限られた支援になっているためであるから、おのずから固定した「場」にならざるを得ず、本来のソーシャルインクルージョン、コミュニティインクルージョンにはなりえない。たとえそれらが地域福祉と謳われようとも、私はそれを「地域の缶詰」という。家→送迎→通所施設（支援学校・放課後デイ）→送迎→家、それの繰り返し。

ここで共同連が提唱・実践している社会的事業所について一言ふれれば、それらと明らかに異なり、障害者を含め社会的に排除された者（ひきこもり、依存症者、刑余者、シングルマザー、ホームレスの人など）を30％以上、そうでない人と共に働く、かつ対等平等にそれぞれ自分らしく働く反能力主義の事業所、しかも、政策対象が「事業所」なのである。これは事業所そのものがソーシャルインクルージョンになっているとも言いかえることができる。

話を元に戻すと、直接雇用の民間企業、特例子会社、就労継続AとB、地域活動支援センターといったように、職業能力別に序列化され、固定化されている。だからこそ、障害者にも、社会的事業所を政策化した「働き方改革」が必要ではないだろうか。国家戦略特区に加計学園でなく、社会的事業所を！

一方、欧州では職業能力の判定が徹底しており、賃金補填制度を含めた一般雇用か、それとも福祉サービス制度かに明確に区分されている。それだけに、社会的協同組合、社会的企業が政策化され、まさに医学モデルとしての障害者ではなく労働市場から排除された社会モデルとしての者、それらの者を30％以上含む社会的協同組合、社会的企業が存在しているのである。

さらに東アジアに目を転じれば、韓国ではすでに法定化された社会的企業、台北市の庇護工場・社会的企業、フィリピンの労働協同組合などもある。しかも、いずれも雇用促進法があってのことである。

次項は、「多様」な就労形態に関連した滋賀県社会的事業所制度について、白杉企業組合・ねっこの輪代表理事に、そして欧州や韓国の社会的企業の制度化の現状と課題について、米澤明治学院大学准教授、両氏に論じてもらうこととする。

地方公共団体での保護雇用制度 ―――――――――― 筆者・白杉滋朗

二〇一七年四月より、いわゆる「悪しきA型」に対する運用基準の見直しで給付費からの賃金補填は完全に禁止となった。もとより、措置であった授産施設の時代から措置費を利用者（訓練生）に支弁することは認められていなかったが、自立支援法（総合支援法）以降、就労継続支援事業A型においては「望ましいことではないが賃金支払に障りがある場合はやむを得ない」（厚労省関係者）と黙認していた状態を解消したわけである。もちろん、措置費と給付費の性格は違っており、その支弁について措置費を踏襲しなければならないのか？　という議論も根強く存在する。

しかし、今回の運用基準見直しは給付費の使途というより、「利用者」である障害労働者に対しての賃金（工賃）支払いは就労継続支援事業A型（雇用）B型（非雇用）かかわらず、就労支援会計（利用者の生産活動の売り上げ：旧制度の授産会計）の中から支払わなければならないと改めて規定している点が大きなポイントだ。すなわち、一般的には生産能力が低いと認識され、労働市場から排除されている障害者のみの生産活動の成果しか分配できないということになると、最低賃金を確保することがかなり困難であることは自明の理であろう。

就労移行支援事業や生産活動を伴う生活介護事業も含め、総合支援法下の就労系事業所では支援員と呼ばれているスタッフは原則、指導・指揮・監督などの支援は行うが共に生産活動に従事することはない。むしろ、事業所や「利用者」の能力を超える量や納期の仕事を受注した時、支援員が残業して業務遂行することを「職員仕事」という言い方で否定的に捉える傾向さえある。授産施設時代からのこのような考え方の下では、生産性の低い障害者の集合体である事業所において障害者の所得保障は叶わないわけだ。

旧制度の授産施設では雇用に基づく福祉工場という亜類型があり、この類型は個別的に積算され支払われる措置費ではなく、事業主体に一括的に支払われる補助金であった。そのため、福祉工場では売上と補助金を一体的に運用される事もあったと聞いている。そしてまた、地方独自の制度であった小規模作業所の制度も補助金の使途について、強度な監査がある訳でもなく自由な運用が許されていた側面もある。

そういった自由な運用の下で、一義的に「補助金を山分けする」ということではなく、作業所等で働く障害のある者もない者も一体的に生産活動をしっかり行い、補助金も含めて全員の所得保障を確保していく場が一九八〇年ごろより全国で散見され出した。この様な各現場の取組みに着目した地方行政が、そんな取組みに対する独自の支援策を講じるところが出てくる。その先行的な制度が大阪府箕面市の障害者事業所制度（一九九三年）であり、この制度は、従来の授産施設やそれを援用した形での小規模作業所補助制度とは違い、障害者は「生産性が低いゆえに労働市場から排除されている」ことを認識し、障害ある労働者に対する賃金補填を柱として構成されている。その上で、障害者の主体的経営参加や、障害者、健常者の対等な働きあいと平等な成果の分配、そして事業所自体が事業を通じて地域貢献を行うことを義務付けているなど、国の障害者施策とは一線を画している。

その後、滋賀県では二〇〇五年県独自の社会的事業所制度が創設される。滋賀県でも箕面市同様、地方独自の比較的自由な作業所制度やそれに支えられた作業所運動の実践の中で障害当事者とも雇用関係を結ぶ場が多く出現していた。これらの場は、先述のように「障害者と健常者が一体的に働き」「対等・平等に分配」することで参加するすべてのメンバーの所得保障を果たしており、それを遂行する理念に着目した行政や県民が「障害者の就労支援」を進める観点から同制度を提案したものである。補助金の使途も「対等・平等」の観点から賃金補填に充てることも排除していない。その後、二〇〇六年札幌市においても、これらを下敷きとした「障害者協働事業」が開始された。この事業は賃金補填を積極的に肯定はしていないが、地方制度の良い意味での緩さから自由闊達な経済活動を各事業所は行っている。

この他、三重県でも滋賀の制度を下敷きにした社会的事業所制度が創設（二〇一二年）されたが、財源的に時限を切った補助制度であり、補助終了後の経営には課題が残る。補助に時限を設けるのは、この国の労働施策の中に恒久的な就労支援策がないこともあるだろうが、そもそもの財源論、地方単独制度という軛があるのだろう。札幌では市の積極的政策もあり着実に箇所数を増やしているが、障害者就労の新たな形態を追求するモデル事業と言いながら「障害者は支援の対象であり福祉施策の対象」でしかないという価値観から全国的な広がりになっていない。国は「保護雇用制度」を求めるＩＬＯからの指摘に対して、就労支援事業（旧授産施設）等を対置しているが、これは援助付就労の域であり「雇用」とは言えない。障害者も働いて社会参加する保護雇用の萌芽と言うべき地方独自の施策は今後、大いに注目されるだろう。働くことは誰であっても福祉ではなく労働施策で解決されるべきだ。

（企業組合ねっこの輪代表理事）

欧州・韓国における社会的企業政策 ―― 筆者・米澤　旦

就労の場を創出する社会的企業は二〇〇〇年代以降、関心を集めてきた。国際的にどのような政策が展開されているかを理解することは日本の現状を相対的に位置づけるためには一定の有効性があると考える。そのため、ここでは欧州と韓国の社会的企業政策をごく簡単に概観する。

(1) 欧州の社会的企業の制度化

就労困難者の就業機会・訓練機会を提供する事業体を労働統合型社会的企業（Work Integration Social Enterprise：ＷＩＳＥ）と呼ぶ。ＷＩＳＥは当初は欧州において注目された概念であったが、現在はアメリカや韓国をはじめ、近年、注目される就労困難者対策となっている。

二〇一四年時点で欧州委員会が整理したレポートでは、一九のEU諸国が社会的企業に関連する法人・認証制度を整備している。[1]

欧州において出発点になったと言われているのが一九九一年に法制度化された、イタリアの社会的協同組合である。二〇一一年には一一、一五七団体が認証されている。[2] 社会的協同組合は保育やケアなどを提供するA型と就労困難者の就業の場となるB型に区分される。

B型の社会的協同組合はWISEの原型と考えられる。その特徴は、第一に、就労困難者が30%以上を占める必要があるという特徴である。就労困難者とは、障害のある人や刑余者、スキルに乏しい若者といった直接には一般労働市場で就業の場を確保することが困難な人々のことを指す。この割合が30%とされているのは、就労困難でない人も含めた形で事業体を運営することにより、一定の生産性を確保するという意図があると考えられる（それ以外に、政府による社会保険料の減免などの支援措置や公共事業の契約も収入とは大きい）。第二に、組合員による参加型運営である。すべての就労困難者が運営に参加することが求められてはいないが、何らかの形で事業体に関わる人々の経営への参加が求められる。

欧州で、社会的企業政策を強調しているのはイタリアだけではない。例えばイギリスは一九九七年における労働党政権への政権交代以降、社会的排除に対する有力な対応策として捉えられるようになった。二〇一〇年以降、保守党を中心とする政権へと交代したものの、社会的企業は市民社会の構成主体として重視されている。[3]

政府には社会的企業を促進させるための部局が置かれ、二〇〇五年には、Community Interest Company（ＣＩＣ）と呼ばれる社会的企業に関する認証制度が用意された。ＣＩＣは、就労支援に取り組む事業体もあるが、活動はそれだけに限らず多様な活動を実施する事業体が含まれる。ＣＩＣは二〇一四年時点で九四〇〇団体を超える事業体が活動している。[4] また、法・認証制度ではないものの、就労困難者の就業先となる組織概念として、Social Firm も存在する。

（２）韓国の社会的企業の制度化

韓国では、社会的企業という概念を東アジアでは最も早く社会政策のなかへと取り入れた国である。二〇〇七年に施行された、社会的企業育成法では、イタリアの社会的協同組合の性質とイギリスのＣＩＣの性質を折衷した形での社会的企業育成が試みられたと考えられる。二〇一四年時点で、認証社会的企業数は一一八六団体である。[5]

韓国の認証社会的企業では主たる対象者は脆弱階層と呼ばれる、生活困窮者および多様な就労困難者である。脆弱階層を対象として、社会サービスを提供すること、あるいは雇用を創出すること、あるいはそれらの両者を組み合わせることが当初の類型であった（その後の改訂によって地域コミュニティへの貢献するタイプが加えられた）。[6] そのなかでも、二〇一三年の時点では、雇用創出するタイプの社会的企業（脆弱階層が30％以上を占める）が過半を占めている。

韓国の認証社会的企業の特徴は、第一に、イタリアと同様に参加型の要素を含めつつも、イギリスのように活動領域が広く、株式会社などの多様な法人格の参入を認めている（ただし、利潤分配に関しては制約がある）点である。第二に、政府からの支援が大きいことも特徴の一つである。社会保険料の減免措置だけではなく、人件費補助なども期限付きで可能となっている。ただし、このような支援の大きさゆえに、政府への依存も問題として指摘されることもある。

社会的企業概念が曖昧なこともあり、社会的企業政策は協同組合ベースをとるのか、企業ベースをとるのか、また、政府からの支援の程度をめぐって社会的企業ごとに異なる。日本国内において、いかなる政策が求められるかは、様々な立場からの議論のもとで討議され、現実化することが望ましいだろう。

（明治学院大学准教授）

注記

（1）European Commission, 2014, ed., Executive Summary of a Map of Social Enterprises and their Ecosystems in Europe, European Commission, 4.

（2）European Commission, 2014, Country Report: Italy, a Map of Social Enterprises and their

Ecosystems in Europe, European Commission, 20..
（3）ただし、その公的支援の比重は低減していると指摘されている。Nicolls, A., and Teasdale, S. 2017, "Neoliberalism by stealth? Exploring Continuity and Change within the UK Social Enterprise Policy Paradigm〟, Policy & Politics, 45(3): 323-41. を参照
（4）European Commission, 2014, Country Report: UK, a Map of Social Enterprises and their Ecosystems in Europe, European Commission, 20.
（5）小林甲一・後藤健太郎「韓国における社会的企業の育成政策と展開」『名古屋学院大学論集　社会科学篇』53（3）：1～16、２０１７年
（6）三菱ＵＦＪリサーチ&コンサルティング『社会的企業についての法人制度及び支援の在り方に関する海外現地調査報告書』三菱ＵＦＪリサーチ&コンサルティング、76、２０１１年

（『季刊福祉労働』一五六号夏　特集　障害者の「働き方改革」）

5 働きたい者は共同連にと～まれ！

施設解体の余韻がまだ幾分残っていた頃、療護施設の入所者が二人、職員とともに職業安定所に出向いた。しかし彼らを求人する会社など、あろうはずもない。

ではどうしたらよいかと尋ねると、職安の職員は、職業訓練所に行くしかありませんと答えた。そこで、職業訓練所に足をはこぶのだが、訓練所の職員は思わずびっくり。訓練などできるわけもない。二人の重度の障害者に付き添って行った施設職員にあきれた対応

をする。

施設に帰ってきた彼らは、さてどうしようか。「でも、やっぱり働きたい」。入所者自治会と職員の何人かで協力して、近くに店舗を借りることとした。商品を並べる。彼らが店番をする。

近所の人たちが買い物にきても、品物を手渡すどころか、お金を受け取ることもできない。きつい言語障害で「いらっしゃい」と言っても、「ウォーウォー」としか聞こえない。とにかくにっこり笑えということになる。

客は自分で品物をとり、お金をざるの中に入れる。場合によっては、おつりもとる。その確認だけはする。それで商売は成り立つ。人間関係は成立するのである。重度の障害者がただ座って、店番をするだけでも仕事は果たせる。それが彼らの商法なのだ。今では障害者も健常者も十数人、各地の物産を店に並べながら、重度の障害者が横たわりながらパソコンで注文や出入りを操作する。働き方や生活も、お互いに心得た者同士の営みである。

亡くなられた共同連元代表の門脇さんは、ＣＩＬ運動の障害者たちとのシンポジウムで、「自立生活って、毎日なにやってんねん?」ときいた。鋭い指摘である。施設から、あるいは家族からの自立は重度障害者にとって大事業である。しかし同じ重度の門脇さんにしてみれば、「毎日なにやってんねん」が、おそらく大きな疑問であったに違いない。

ちなみに、一九七五年の国連・障害者の権利宣言では、同世代（現役世代）と同等の暮らしをする権利を有することが謳われている。それを忘れてはなるまい。

年金受給年齢が取沙汰されている昨今、雇用だけが働き方ではない。前期高齢者の働き方にも、「社会的事業所」を提案してもよいのではなかろうか。私たち共同連の運動と理念は、障害者を越えて広くひろがっていく。

（共同連機関紙『れざみ』巻頭言）

❻仕事に障害者を合わせるのではなく、障害者に仕事を！

新聞を破ろう　——私が出会った少年、H君へ——

目を細めて
「精薄児」と呼ばれても
少年はきっと
彼らを

「超人」とも「賢者」ともよばないだろう
少年は新聞を破ることが好きな
「精薄児」ではない
少年は新聞を破ることが好きな
「超人」ではない
少年は新聞を破ることが好きな
少年である
新聞は
印刷されて
配達されて
読まれて
破られて
一生を終える
新聞は「超人」も「精薄児」も意識しない

少年よ

きみが好きな
新聞を破ることは
職業ではない
けれども少年よ
それを職業に変えることはできる！
もし彼らが「超人」や「賢者」であるなら

だから少年よ
それまで
彼らが成長するまで
新聞を破いていよう

この詩は、一九七九年に三一書房から出版した『障害者と職業選択』に掲載したものである。当時、私は都立城南養護学校のスクールバスの添乗員をし、そこで出会った重度の知的・身体障害の中学部二年生、新聞を破るのが好きな少年についての詩である。

また、アメリカの地方都市のことで最近聞いた話であるが、はさみで紙を切ることが好きな知的障害者（自閉症）の青年がいて、彼が、コミュニティマガジンの残部処理の仕事にはさみで切って、それで賃金をもらっているというのである。

五年ほど前、私は、第四回アジア障害者就労国際交流大会で台湾に行った際、庇護工場・社会的企業を運営している勝利財団が新北市で経営しているファミリーマートを訪ねた。従業員は一六人のうち九人が障害者で、品物を運んだり陳列するのは知的、精神障害者、レジ等は身体、聴覚障害者であった。

ところで私が驚いたのは、店に入るとすぐ、女の人が大きな声で話しかけてきた。中国語なので何を言っているかわからなかったが、それは接客挨拶である。説明によると、中度の知的障害をもつ女性であった。それがどれほど売り上げに貢献するかはわからないが、勝利財団ではそうしているのである。

経済は何のために？　経済のための人間なのか、それとも人間のための経済なのか。カントは、人間は手段であると同時に目的である、と説いている。

（ＮＰＯ法人わくわくかん会報「リボンだより」）

第3章　共　学

1 総論としての合理的配慮

■社会的障壁を除去するための合理的配慮を提供しないことが差別にあたる

① 障害者基本法

第一条（目的）全ての国民が、障害の有無によって分け隔てられることなく、相互に人格と個性を尊重し合いながら共生する社会を実現……。

第二条（定義）二　社会的障壁　障害がある者にとって日常生活又は社会生活を営む上で障壁となるような社会における事物、制度、慣行、観念その他一切のものをいう。

第四条（差別の禁止）

一　何人も、障害者に対して、障害を理由として、差別することその他の権利利益を侵害する行為をしてはならない。

二　社会的障壁の除去は、それを必要としている障害者が現に存し、かつ、その実施に伴う負担が過重でないときは、それを怠ることによって前項の規定に違反することとならないよう、その実施について必要かつ合理的な配慮がされなければならない。

② 障害者差別解消法

※障害者基本法の基本的な理念にのっとり、差別を解消するための措置、差別的取り扱いの禁止。

第六条　第一項の規定に基づき、政府は、障害を理由とする差別の解消の推進に関する基本方針を作成する。基本方針に即して、国の行政機関及び独立行政法人は、職員の取り組みに資するための対応要領を、事業者における取り組みに資するための対応指針を作成することとする。

国・地方公共団体等（法的義務）、民間事業者（努力義務）。

第一七条（障害者差別解消支援地域協議会）国及び地方公共団体の機関であって、相談、事例の収集、情報の提供。

③ 障害者雇用促進法

第三六条　主務大臣は、差別の禁止に関する指針及び合理的配慮の提供に関する指針を定めなければならない。

差別の禁止の「指針」は、募集、採用、昇進等の差別的取り扱いの禁止。合理的配慮の提供に関する「指針」は、相談体制の整備、均等な機会の確保及び待遇の確保または能力の有効な発揮の支障となっている事情を改善するための必要な措置。

合理的配慮の提供にあたっての「過重な負担」とは、その判断は事業主にあり、判断の要素は「事業活動への影響の程度」「実現困難度」「費用負担の程度」「企業の規模」「企業の財務状況」「公的支援の有無」。

イギリスに、工場の門の前までは民主主義だが工場の門の中には民主主義はない、という諺があることを留意すべきであろう。

④ 障害者権利条約

第三条　定義　「合理的配慮」とは、障害者が他の者との平等を基礎として全ての人権及び基本的自由を享有し、又は行使することを確保するための必要かつ適当な変更及び調整であって、特定の場合において必要とされるものであり、かつ、均衡を失して又は過度の負担を課さないものをいう。

第三項　締約国は、平等を促進し、及び差別を撤廃することを目的として、合理的配慮が提供されることを確保するための全ての適当な措置をとる。

❷ 各論としての合理的配慮

■合理的配慮→教育内容・方法の変更及び調整又は人的配置、設備の変更等

① サラマンカ宣言（一九九四年）

「通常の教育システムの中において特別ニーズを有する子ども、青年、大人に対する教育を提供することの必要性と緊急性とを認識して」。

② 障害者権利条約

第二四条　教育

2（a）障害者が障害に基づいて一般的な教育制度から排除されないこと……。

③ 学校教育法施行令（二〇一三年九月一日）

第一八条の二に基づく意見の聴取は、市町村の教育委員会において、三当該（視覚障害者等）が認定特別支援学校にあたるかどうかを判断する前に十分な時間的余裕をもって行うものとし、保護者の意見については、可能な限りその意見を尊重しなければならないこと。

（注）本施行令では「認定特別支援学校」としているが、それまでは「認定障害者」、つまり特別支援学校に就学する者を「認定」障害者として例外的に普通学校への就学を認めて

いたが、本施行令では「認定」障害者から「認定」特別支援学校への悪知恵のコペルニクス的展開となっている。これが「インクルーシブ教育システム」である。

④千葉県の事例――筆者・橋本智子、高村リュウ

「障害者差別解消法で学校は変わったのか」（『季刊福祉労働』現代書館一五七冬号　特集　障害者差別解消法）

普通学校に入りやすくなった。しかし、入れない仕組みはしっかりある。「就学指導委員会」に断られるケースもある。判定結果が大きい。

一三年の施行令により、「就学先の決定については、本人・保護者の意見の尊重」が効果をあげている。「申込書」もいらず、意思表明だけで可となる。普通学級の希望もあり。

一方、保育園からの善意で、行政の就学相談を進められて行ってしまうケースもある。

また、障害児療育センターに通う中、「就学指導委員会」につながっていく。こうして、療育支援の充実により、就学指導・教育支援委員会へと流れがつくられている。

こうした傾向は千葉県だけでなく、全国的にみられる。小学校就学前から、このように療育センター等の支援の充実により、早いうちから分けられてしまっている。

しかし千葉県の報告では、同じ千葉県でも自治体ごとに、自治体によってそれらの対応には温度差があるといえる。ただ総じて言えることは、一三年の施行令後は抵抗は弱くなっ

たという。特に問題になるのは、医療的ケアを必要とする子は、学童保育はもとよりあいかわらず厳しい状況におかれている。

⑤「医療的ケアを必要とする幼児児童生徒の保護者等の学校付添いについて」――

筆者・下川和洋

（『季刊福祉労働』一五六秋号　特集　障害者の「働き方改革」）

東京都では、「緊急体制整備事業」によって、保護者の事情でやむをえない時にのみ学校の先生方に一部の医療的ケアの実施、日常的には保護者の待機が義務付けられている（二〇〇〇年一二月）。というのも、都教委が一九八八年に発表した「医療的ケアの必要な児童・生徒は、原則として、訪問教育の扱いを受ける」を変えていないからである。

二〇〇四年の厚労省設置「在宅及び養護学校における日常的な医療の医学的法律学的整備に関する研究会」の報告以後は、学校に待機しなければならない保護者は減少傾向にある。

また、二〇一五年に文科省が全国の公立小中学校を対象にした「障害のある児童・生徒の学校生活における保護者等の付添にかんする実態調査」の報告では、日常的に付き添っている保護者等の人数が一、八九七人、内三八八件（20%）が医療的ケアの対応の付添であった。

文科省は二〇一六年から「医療的ケアのための看護師配置事業」で、これまでの特別支援学校に加え小中学校にも認めて、人数の増員を図った。

二〇一六年に施行された改正児童福祉法では、「地方公共団体は、人工呼吸器を装着している障害児その他の日常生活を営むために医療を要する状態にある障害児が、その心身の状況に応じた適切な保健、医療、福祉その他の各関連分野の支援を受けられるよう、保健、医療、福祉その他の各関連分野の支援を行う機関との連絡調整を行うための体制の整備に関し、必要な措置を講ずるよう努めなければならない。」の規定が新設された。同時に、厚労省、内閣府、文科省の連名で「医療的ケア児の支援に関する保健、医療、福祉、教育等の連携の一層の推進について」が発表され、なかでも人工呼吸器を医療的ケアの代表的なケアとしたことは重要であるとしている。

文科省は二〇一七年四月、「公立特別支援学校における医療的ケアを必要とする幼児・児童・生徒の学校生活及び登下校における保護者等の付添に関する実態調査」を発表し、日常的に経管栄養や痰の吸引等の医療的ケアを受けている通学生五、三五七人の付添の実態を調査した。内保護者等が付き添っている人数三、五二三人（65・8％）、付添の週あたりの平均日数は、平均週一日および五日がそれぞれ全体の四割弱、登下校における保護者等（付添介助者を含む）の平均付添回数、平均一〇回以上が全体の五割弱である。

学校生活における付添の理由で最も多かったのは、看護師は常駐しているが学校の希望により、保護者が付添をしているのが五割以上となっている。以前は看護師が配置されていなかったが、実際看護師が配置されても学校の希望で付添が求められている。

実態調査を踏まえて、文科省は二〇一七年四月七日に、都道府県教育委員会等に対して、教育委員会においては看護師配置により保護者の負担軽減の配慮に可能な限り努めること、登下校における付添に関しても保護者の負担軽減に努めることとしている。

以上のこの小論をみても、自治体によって、あるいは学校現場によって対応はそれぞれだということがわかる。その意味でも、当事者・関係者の働きかけがいかに重要かがわかってくる。

⑥**『つまり、「合理的配慮」って、こういうこと?!』**（現代書館　インクルーブ教育データバンク編）

ここでは本書から具体的な合理的配慮の実践例を紹介する。

合理的配慮とは、教育内容と方向の変更及び調整又は人的配置、設備の変更等を意味する。教室を、学校を、障害をもつ子どもから発信してみんなの空間・時間へ。それを一般化、普通に変える。

国　語――ひらがな、ゆっくり、具体的、時には家の物を持ってきて説明。詩の朗読も、みんなで読んだりいろいろな読み方を工夫。結果。そのことが、苦手な子にも、みんながつながる。みんなで教えあう関係。教室を出ても、後ろで寝転んでも、この子はこの子として受容される。支援学級の教員も時には入る。

算　数――支援学級席で通常学級に。支援学級教員と事前に予習。答えの間違いが予想されても、挙手に応答。みんなにもわかりやすい授業となり、苦手な子も算数が好きになる。ユニバーサルデザイン授業になっている。

体　育――肢体不自由児六年。バレーボール、バスケットボールのルールの変更。

音　楽――難聴・補聴器使用、四年。下手でもよい、結果、音楽が苦手な子も楽しむこととなる。評価は子どもがどう学んだか。教育方法の充実感。

テスト――漢字を読めない子にルビをふる。みんながはじめは文句を言う。みんなで議論して、最初は不満だった子も、不公平感も納得に向かう。その子にあった独自のテスト法。一人への試みがみんなへの。

クラスづくり――担任とうまくいかなかった障害の子の関係が、みんなが二人の間に入ることによってうまくいったケース。自閉症の子の口真似でからかいがおきたが、みんなで話し合い。教員の見方・考え方も変化、意欲が強まっていった。

学級活動への参加――お楽しみ会・あそび会のルールを変更。子どもたち同士の学びあい、遊びあい。

水頭症の子が嫌われていたが、お父さんとの相談の結果、その子がみんなの前で自分の成育歴を話す。その後みんなの対応に変化が現れた。

教員は学校の常識を疑うことから。学校文化論。学校は障害ある子を排除する文化がある。本書を通して言えることは、あらかじめ答えは用意されていない、創意工夫。そうした一つの工夫を参考にしながら、それぞれのケースに応じた創意工夫が求められる。日々変更と調整が求められる。

教室の中でも、「障害のある子」を一人切り離すのではなく、みんなとの関係の中で解決を見出すこと。（資料1参照）介護ケアも教育方法論も、「人と人との絆」

❸ ソーシャルインクルージョン（社会的包摂）としての合理的配慮

■教育と福祉行政における合理的配慮、すなわち社会的排除の「合理性」

① 特殊教育

・文部省の見解（一九九二年）「分離」教育ではなく、障害の種別・程度別に応じた専門的教育

・鳩山（元）文部大臣の発言、一般社会への「ノーマライゼーション」のための特殊教育

② 「人間関係が障害をつくる」『養護教育の道に生きて』（資料2参照）

・分離された空間が、きいちゃんを「異邦人、障害化」する。
・健常者の第三者性、傍観者としての立場を問う――「あなた」も実は母親が懸念した披露宴の「客」たりえたのでは？　差別・排除する側の立場におかれていたのでは？

③「地域の缶詰」「水槽の中の金魚すくいのビニール袋」

特別支援学校、放課後デー、通所施設。たとえ地域社会にあっても、分離された教育・福祉現場。自宅→送迎→支援学校→送迎→放課後デー→送迎→自宅、の日々の繰り返し。「地域の缶詰」の蓋を開け、「ビニール袋」を破り、通所施設の壁を壊す。

障害者の健常者化ではない。分離された空間での発達論でもない。健常者が変われば障害者も変わる。社会が変われば「障害」も変わる。それを比喩的に化学反応でいえば、インテグレーション（統合）は砂糖と水を混ぜた砂糖水（混合）、インクルージョン（包摂）は$H_2+O=H_2O$（化合）となる。インクルージョンは質的変化、オルタナティブな世界を創る。

私の結論――障害児・者が街の風景に、教室の風景に溶け込む世界へ。「共に学ぶ」ことによってもたらされる障害のない子の変化と成長は、障害をもつ子にとっての合理的配慮である。

（資料3参照）

資料1　ユマニチュードの哲学と技法

『ユマニチュード入門』（医学書院）を紹介しながら、私たちがそのユマニチュードの哲学と技法の中から何を学ぶべきか、いやむしろ、共同連としてはすでにその哲学と思想を運動の中で実践しているということを再確認するだけで充分であろう。ユマニチュードは認知症の人へのケアに限定された哲学と技法ではあるが、むしろそれに限る必要はなく広く他の分野・社会に応用できるものと考える。そのエッセンスを本書から引用して紹介したい。

※…ユマニチュードはイヴ・ジネストとロゼット・マレスコッティの二人によってつくり出された、知覚・感情・言語による包括的コミュニケーションにもとづいたケアの技法です。この技法は「人とは何か」「ケアする人とは何か」を問う哲学と、それにもとづく一五〇を超える実践技術から成り立っています。

※…「ユマニチュード」という言葉は、フランス領マルティニーク島の出身の詩人であり政治家であったエメ・セゼールが一九四〇年代に提唱した、植民地に住む黒人が自らの〝黒人らしさ〟を取り戻そうと開始した活動「ネグリチュード」にその起源をもちます。

※…その後一九八〇年にスイス人作家のフレディ・クロプフェンシュタインが思索に関するエッセイと詩の中で、〝人間らしくある〟状況を、「ネグリチュード」を踏まえて「ユマニチュード」と命名しました。さまざまな機能が低下して他者に依存しなければならない状況になったとしても、最期の日まで尊厳をもって暮らし、その生涯を通じて〝人間らしい〟存在であり続けることを支えるために、ケアを行う人々がケアの対象者に「あなたのことを、わたしは大切に思っ

ています」というメッセージを常に発信する――つまりその人の〝人間らしさ〟を尊重し続ける状況こそがユマニチュードの状態であると、イヴ・ジネストとロゼット・マレスコッティは一九九五年に定義づけました。これが哲学としてのユマニチュードの誕生です。

※…ケアする人は環境の一部。「ケアをしているわたしとはどんな存在なのか？　そしてケアを受けているこの人はどんな存在なのか？」と問いかけることから、その関係づくりを始めます。

※…ケアをする人も、ケアが必要な赤ちゃんに依存されることによって、自分と赤ちゃんとの間に愛情と尊厳と信頼を築いていきます。

※…ユマニチュードを支えるもうひとつの根源的な問い――「人間とは何か」。わたしが誰かをケアするとき、その中心にあるのは「その人」ではありません。ましてや、その人の「病気」ではありません。中心にあるのは、わたしとその人との「絆」です。

ユマニチュードをケアに限定する必要はないであろう。すべてに応用できる。「共に」の哲学と思想はまさにそれである。「その人」ではなく、中心にあるのはその人との「絆」。だから一方的な人間関係の「支援」を死語に。労働現場でも生活の場でも、ましてや特別「支援」学校はもっての外。「支援」を死語に！

（共同連機関誌『れざみ』一五〇号巻頭言）

資料2　人間関係が障害をつくる――

（一）分離された「空間」と健常者の「第三者性」を問う

まず、文章を感動をもって読んでいただきたい。それは昨年春、私にネットで送られてきた文章である。

きいちゃんという女の子は、手足が不自由でした。そして、いつもうつむきがちの、どちらかというと暗い感じのするお子さんでした。

そのきいちゃんが、ある日とてもうれしそうな顔で、「山元先生」と言って職員室に飛び込んできてくれたのです。

「お姉さんが結婚するのよ、今度私、結婚式出るのよ。ねえ、結婚式ってどんななの、私どんな洋服着ようかな」と、とてもうれしそうでした。「そう、良かったね」と、私もうれしくなりました。

ところが、それから一週間もしないころ、今度はきいちゃんが教室で泣いている姿をみつけたのです。「きいちゃんどうして泣いているの」と聞くと、「お母さんが、結婚式に出ないでって言うの。私のことが恥ずかしいのよ。お姉ちゃんばっかり可愛いんだわ。私なんか産まれなきゃ良かったのに」とそう言って泣いているのです。

きいちゃんのお母さんは、お姉さんのことばかり可愛がるような方ではありません。どちらかというと、かえってきいちゃんのことをいつも可愛がっておられて、目の中に入れても痛くないと思っておられるような方でした。

けれどもしかしたら、きいちゃんが結婚式に出ることで、例えば障害のある子が生まれるんじゃないかと思われたり、お姉さんが肩身の狭い思いをするんじゃないかというようなことをお母さんが考えられたのかなと、私は思ったりしていました。

きいちゃんに何と言ってあげていいかわかりませんでしたが、ただ、結婚式のプレゼントを一緒に作ろうかと言ったのです。お金がなかったので、安い晒（さら）しの生地を買ってきて、きいちゃんと一緒にそれを夕日の色に染めたのです。

それでお姉さんに浴衣を縫ってあげようと提案しました。でもきいちゃんは手が不自由なので、きっとうまく縫えないだろうなと思っていました。けれど一針でも二針でもいいし、ミシンもあるし、私もお手伝いしてもいいからと思っていました。けれどきいちゃんは頑張りました。最初は手に血豆をいっぱい作って、血をたくさん流しながら練習しました。

一所懸命にほとんど一人で仕上げたのです。とても素敵な浴衣になったので、お姉さんのところに急いで送りました。

するとお姉さんから電話がかかってきて、きいちゃんだけでなく、私も結婚式に出てくださいと言うのです。お母さんの気持ちを考えてどうしようかと思いましたが、お母さんに伺うと、「それがあの子の気持ちですから出てやってください」とおっしゃるので、出ることにしました。

お姉さんはとても綺麗で、幸せそうでした。でも、きいちゃんの姿を見て、何かひそひそお話をする方がおられるので、私は、きいちゃんはどう思っているのだろう、来ない方が良かったんだろうかと思っていました。そんなときにお色直しから扉を開けて出てこられたお姉さんは、驚いたことに、きいちゃんが縫ったあの浴衣を着ていました。一生に一度、あれも着たいこれも着たいと思う披露宴に、きいちゃんの浴衣を着てくださったのです。そして、お姉さんは旦那さんとなられる方とマイクの前に立たれ、私ときいちゃんをそばに呼んで次のようなお話をされたのです。

「この浴衣は私の妹が縫ってくれました。私の妹は小さいときに高い熱が出て、手足が不自由です。でもこんなに素敵な浴衣を縫ってくれたんです。高校生でこんな素敵な浴衣が縫える人は、いったい何人いるでしょうか。妹は小さいときに病気になって、家族から離れて生活しなければなりませんでした。

私のことを恨んでるんじゃないかと思ったこともありました。でもそうじゃなくて、私のためにこんなに素敵な浴衣を縫ってくれたんです。私はこれから妹のことを、大切に誇りに思って生きていこうと思います。」

会場から大きな大きな拍手が沸きました。きいちゃんもとてもうれしそうでした。

お姉さんは、それまで何もできない子という思いできいちゃんを見ていたそうです。でもそうじゃないとわかったときに、きいちゃんはきいちゃんとして生まれて、きいちゃんとして生きてきた。これからもきいちゃんとして生きていくのに、もしここで隠すようなことがあったら、きいちゃんの人生はどんなに淋しいものになるんだろう。この子はこの子でいいんだ、それが素敵なんだということを皆さんの前で話されたのです。

きいちゃんはそのことがあってから、とても明るくなりました。

そして、「私は和裁を習いたい」と言って、和裁を一生の仕事に選んだのです。

(「養護教育の道に生きて」山元加津子(石川県立小松瀬領養護学校教論)「致知」一九九七年一一月号　特集「一道を拓く」より)

これを読んで、私も感銘をうけた。じーんとくる話である。しかし、ただ感動で終わってよいのかということである。この現実の物語性をそもそも成り立たせている背景、その客観的諸条件とはいったい何であるかであり、そのことを私たち自身の問題として捉えなくてもよいのであろうかということである。

問題の所在の一つは、育ち・学び、大人になっていく過程で障害児と健常児が、障害者と健常者が双方に分離された「空間」、特別支援学校や学級、障害児のための放課後デイサービス事業、これを「地域の缶詰」と私が称する障害者だけを集めた地域通園施設、要するに、このように分離された「空間」が障害者（きいちゃん）を「異邦人」に仕立て上げてしまう。あわせて、障害者（きいちゃん）にはすでに差別や偏見が付着していることにも留意するべきであろう。こうした人間関係のもとに「障害化」されるのである。

二つめの問題は、感動した「あなた」も、実は母親が懸念してきいちゃんを披露宴に出させないようにさせてしまった存在、すなわち披露宴の「客」でありえたのではないかということである。

自分自身も、気づかないうちに社会的に排除する側の一員であったかもしれないということである。その自覚が重要なのである。

学生J

この話にふれて、涙もろい私は目頭が熱くなった。しかし、そのあとの「しかし、ただ感動で終わってよいのか」という提起により、私の潤んでいた目は一瞬にして乾いた。障害者の家族の葛藤や家族の心のすれ違いなどが、お姉さんの結婚式ときいちゃんの一生懸命なプレゼントによってお互いに歩み寄るきっかけになったと感じて心動かされていたが、先生がこの話を通して私たちに投げかけているのは、「この現実の物語性をそもそも成り立たせている背景、その客観的諸条件とはいったい何であるか」ということだったのだとわかった時、私のこのきいちゃんの話に対する見方が変わった。たしかに、世間一般として生まれてから育ち、学びながら社会に出ていく中で、障がいがある人とない人で区別され、分け隔てられているからこそ、きいちゃんの話は起きたのであって、もし、社会が人を障害の有無で分け隔てることなく皆が平等に生きられるのであれば、きいちゃんは何も憂うことなく最初からお姉さんの結婚式に出られていたのだ。この分け隔てられた空間や社会が今日の障害者差別へとつながっているのであり、話の中で何度も口にしていたように、差別を無くすためには、障害の有無に関わらず、全ての人間が分け隔てることなく同じ教育や就労の機会が得られるようにすることが必要なのであると私も思う。

また、「感動した『あなた』も、実は母親が懸念していたきいちゃんを披露宴に出させないようにさせてしまった存在、すなわち披露宴の『客』でありえたのではないか」という問いかけは、今後福祉職を目指す私にとって忘れられないものになるだろう。〝感動する〟ということ自体は何も悪いことではないだろうが、この〝感動する〟という行為の中にどのような意味合いが含まれているのか、その背景にも焦点を当てられるような、広い視野を持った支援者になりたい。

（堀利和著『アソシエーションの政治・経済学ー人間学としての障害者問題と社会システム』（二〇一六年、社会評論社）

私と小鳥と鈴と　　　金子みすず

私が両手を広げても、
お空はちつとも飛べないが、
飛べる小鳥は私のやうに、
地面を速くは走れない。

私がからだをゆすつても、
きれいな音は出ないけど、
あの鳴る鈴は私のやうに、
たくさんな唄は知らないよ。

みんなちがつて、みんないい。

（日本教職員組合「インクルーシブ教育討論集会」二〇一八年二月一七日「共生社会に向けて私教職員ができることを考える」）

第4章　共飲《きょういん》

ぜにのないやつぁ　俺んとこへこい
俺もないけど　心配するな
見ろよ　青い空　白い雲
そのうちなんとかなるだろう

これは「サラリーマンは気楽な家業ときたもんだ（ドント節）」と歌った、植木等のヒットソング「だまって俺についてこい」である。これを額面通りに受け取ってはならないであろう。六〇年代の高度経済成長のサラリーマン、その繁栄の中でのサラリーマンの悲哀と心情を歌ったものである。

その時代背景を見ると、地方の農村から都市部（東京都）へ人口が流入したのは明治維新以降の日本近代資本主義期であって、二度目はまさに六〇年代の高度経済成長期であった。当時中卒の若者を「金の卵」ともてはやし、しかしそれは井沢八郎の「あゝ上野駅」である。そして、次も植木等の「スーダラ節」――

チョイト一杯のつもりで飲んで
いつの間にやらハシゴ酒
気が付きゃホームのベンチでゴロ寝
これじゃ身体にいいわきゃないよ
分かっちゃいるけどやめられねぇ
アホレ　スイスイ スーダララッタ　スラスラ　スイスイスイ……

私も若いころには会議が終わると、いや、今でもそうかもしれないが、毎回皆で行きつけの居酒屋に行く。ところがいつものことであるから、たまに生保の仲間が「いや、今日は……」と言って、それとなく帰ろうとする。金のないのはお互いさま。だが、ないもの同士でも支払いはなんとかなったものである。

皆で飲みながら、また続きの話をする。支払いは大体同じくらい払うのだが、もちろん彼は払わなくても差支えない。彼一人を帰して、それで皆で飲んでも酒はうまくない。

割り勘は一見平等のように見えても、平等ではない。それは応益負担であって、応能負担ではない。

平等がなぜ等価でなければならないのか？　人間的不等価交換でも良いのではなかろうか。

飲む、それ自体が目的とはいえない。皆で飲むことに価値がある。それが「共に飲む」ということであり「共飲《きょういん》」である。平等は必ずしも等価交換でなければならないということではない。純粋贈与、純粋共生とは、形式的不平等の人間的不等価交換である。

これが、私の経済哲学の基本的思想である。

第２部

コラム
ザ・障害者

第5章　影から光が見えてくる

津波てんでんこ

二〇一一年三月一一日午後二時四六分。三陸沖をM9の大地震が襲う。

動物は戦争しないが、救済もしない。それが動物の限界である。人間は戦争をやめることもできるし、救済することもできる。私たちは、東日本大震災を共に生きることで、日本社会の未来を「共に生きる」可能性を切り拓いていく。東北は必ず復興できる。岩手あっての、宮城あっての、福島あっての、そして茨城あっての、日本だから。

今後、れざみ巻頭言を執筆していくにあたり、初回の今、私自身に問い直しておかなければならないことがある。それは、犠牲のゼロサム社会を脱却できるのは、「共に生きる」社会思想であると。

共に生きられなかった命、生かせられなかった自責の念に苦しむ人々のこころ、ゆえに私は、共に生きられなかった死者たちのために、鎮魂歌を送りたい。

　　津波てんでんこ

ＡＬＳの息子を看病していた母親
その姿は　どこにもない
近所のみんなが逃げ込んだ
避難所に
その姿はなかった

大津波の偶然と
母親の当然と
そして
生きている私の必然とを
陽光に輝きはじめる
無責任な
三陸の海は

私に
問い続けるだろう

（二〇一一年四月四日）

世界で最も短い長編小説

のどが渇いた醜い人たちは、もう水を飲む気力さえなくなっていた。確かに昨日までは、頭の中の泉から、キラキラ輝いた透明な水が湧き出ていた。しかしもう、その気力も朽ち果てた。

彼らが住んでいるのは、大河から険しい山を隔てた殺風景な雑草の地であった。あきらめからか、誰一人その険しい山を登って大河に行こうとはしなかった。

それもそのはず、その険しい山にさしかかったところに、かつて彼らと同じ仲間だった人たちの白骨の山が見えたからである。

やせ細った彼らの中に、明らかに彼らとは違うが、しかし彼らと同じくやせ細った、そして美しい目をした若者たちがいた。

はたして彼らが一体どこから来たかはだれも知らないし、たずねようともしなかった。

彼らと彼らは、空を眺めていた。　その空が、「くー」であった。いつしか彼らに、勇気がわいてきた一緒にいることの歓喜の「くー」。

一頭の象が現れた。一キロ先の水の匂いをかぎつける、象。鼻を地面に叩きつけた。

やせ細った醜い彼らの一人が、素手で地面を掘り始めた。にこっと笑った彼に、もう一人のやせ細った醜い彼が、そして美しい目をした若者の一人も、さらにもう一人も、地面を掘り始めた。みんな一緒に掘り始めていった。

たくさん掘る者も、少ししか掘れない者も、本当に疲れたかわからないが休み休み掘る者も、一生懸命掘っていった。

頭の中の泉から、みんなの泉のキラキラした透明な水が、静かに、ゆっくり、やさしく、母親のように近づいてきた。

水だ！　この世で一番きれいな水だ！

と、一番やせ細った遠慮深い彼が、うれしそうに叫んだ。

これは大河の水よりきれいに違いない！

と、強そうにみせかけた若者が言った。

そして、彼は、一番やせ細った遠慮深いその彼に、お前が先に飲むがいい！

と、やさしくうなずいた。

新潟越後の評価に寄せて

（共同連全国新潟大会資料　二〇一三年八月）

初めて「裏」日本で、しかも記念すべき第三〇回大会をここ新潟で開催できたことに、ひとしおの特別な思いを感じます。障害者がおかれている立場を、また共同連が進められている「社会的事業所」の未来志向において今後どのような価値を見出せるかについても、「裏」の意味から改めて検証してみたいと思います。

私はこの裏日本に、裏社会からやって来ました。日本鰻が直面しているような、いつなんどき絶滅危惧種に指定されかねない共同連、それを裏から表から一生懸命支えている一人です。この度は記念大会のために、地元実行委員会の皆さんには大変なご尽力をいただき、先ずもって心から感謝とお礼を伝えます。

新潟越後といえば、歴史的にも多くの偉人を輩出した地でもあります。私の乏しい知識だけでも、まず戦国の武将上杉謙信公がいます。五回にわたる川中島の合戦で宿敵武田信玄に塩を送り続け、「敵に塩を送る」ということばもそこから生まれました。こどもと遊ぶ俳人良寛さんも心に残ります。

「米百俵」で有名な、といっても小泉元首相のためにそれも汚れてしまいましたが、長岡藩の小林虎三郎がいます。人民の貧困を顧みることなく腐敗した政治と財界に銃口を向けた二・二六事件の若手将校たちに、思想的影響を与えた国家主義者の北一輝の悲願も忘れることはできません。そして日米開戦に誰よりも反対しながら、結局不本意にも真珠湾攻撃という開戦の先陣を切った山本五十六元帥。『白痴』や『堕落論』で有名なデカダンス文学の坂口安吾もいます。

さらに身近なところでは、藤田芳雄元長岡市議、青木学新潟市議の二人です（腹を抱えて大笑い）。一九九九年に「視覚障害者議員ネットワーク」を結成し、初代代表に私、二代目に全体会司会者の藤田氏、目下休眠中ネットの現代表が実行委員長の青木氏です。二人は若干（多いに！）見劣りはしますが、ここ新潟越後には歴史的人物がたくさんいるわけです。人間ではありませんが、昨年「サドガエル」という新種が公表されました。

同じ無頼派の文学でも太宰治と違って、坂口安吾は競輪の八百長を暴くなどたくましさを持っています。安吾流に「社会的事業所」を『堕落論』から評価すれば、堕落論から見えてくる「健全」のインチキさ。社会的に排除された人の「共働」。「協同労働」から、そして裏と堕落から見ると、エコノミックアニマル、過労死まで強いる企業戦士の「競争労働」、実になんという健全（？）ぶりか。

かつて「健全者幻想」を戒めたと同じように「表幻想」に囚われることなく、否定された者は絶対的自己肯定を通して、両者を分断・差別する構造を根本から問い直すことではないでしょうか。

本大会が安吾流の「堕落」大会になるよう、心底から期待します。

今日の格差社会に、戦後の歌が響く

谷崎潤一郎の純文学『細雪』も素晴らしい。幸子のあいづち、「ふん」、これも小説の純文学をかもし出している。谷崎の世界である。

だが、純文学もよいが、戦後歌謡曲の二曲もすばらしい。社会派文学、そんな世界を歌っている。ＡＫＢと違うからと言って歌謡曲をさげすんだり、時代が古いといってみくびったりしてはいけない。では、その二曲をここに紹介しよう。

一曲は、鶴田浩二の「街のサンドイッチマン」、もう一曲は美空ひばりの「越後獅子の歌」。人間のみじめさに、孤独に、そしてそれを自分の中でひたすら耐え忍んでいる苦悩に、はたして古いも新しいもダサいもあるのだろうか。あるとしたら、それは共感のみである。鈍感にはなりたくない。二曲は今日の格差社会、排除にあう人への共感そのものを問うている。

街のサンドイッチマン（作詞・宮川哲夫　作曲・吉田正）

一　ロイド眼鏡に　燕尾服　泣いたら燕が　笑うだろ　涙出た時ゃ　空を見る
サンドイッチマン　〃　俺《おい》らは　街のお道化者　呆《とぼ》け笑顔で　今日もゆく

二　嘆きは誰でも　知っている　この世は悲哀の　海だもの　泣いちゃいけない　男だよ
サンドイッチマン　〃　俺らは　街のお道化者　今日もプラカード　抱いてゆく

三　あかるい舗道に　肩を振り　笑ってゆこうよ　影法師　夢をなくすりゃ　それまでよ
サンドイッチマン　〃　俺らは街の　お道化者　胸にそよ風　抱いてゆく

越後獅子の唄（作詞・西条八十　作曲・万城目正）

一　笛にうかれて　逆立ちすれば　山がみえます　ふるさとの　わたしゃ孤児《みなしご》
街道ぐらし　ながれながれの　越後獅子

二　今日も今日とて　親方さんに　芸がまずいと　叱られて　撥《ばち》でぶたれて
空見上げれば　泣いているよな　昼の月

三　うつや太鼓の　音さえ悲し　雁が啼く啼く　城下町　暮れて恋しい
宿屋の灯り　遠く眺めて　ひと踊り

四

ところ変われど　変わらぬものは　人の情けの　袖時雨《そでしぐれ》
ぬれて涙で　おさらばさらば　花に消えゆく　旅の獅子

第６章　世界に類のない日本の盲人史

障害者を「障害当事者」というようになったのは、それほど遠くない時期のことである。その障害当事者が社会変革の主体者として登場してきたのが、六〇年代から七〇年代においてである。しかも、それはこの日本においてであるといっても過言ではあるまい。それは重度脳性マヒ者の青い芝の会であり、また、当時の学生運動を中心にした政治社会運動のなかからである。

ところで、私が初めて障害者の国際会議に参加したのが、一九八一年の国際障害者年にシンガポールで結成された障害者インターナショナル（ＤＰＩ）であった。それまでにももちろん障害者関係の世界団体はあったが、障害種別を越えたラディカルな団体はＤＰＩの他になかった。

その後も私は何度も障害者関係の国際会議に参加する機会を得たのだが、視覚障害者である私にとっては、その殆どの会議の様子は概ね健常者のそれであった。というのも、もちろんストレッチャーに乗った重度の寝たきりの障害者もいたが、マイクを通しての議論はまさに健常者の話しぶりであった。つまり、言語障害者は参加していなかったということである。その点、日本において七〇年代の障害者解放運動をリードしたのが、青い芝の会の言語障害をもつ人たちが中心だった。私にとっても、実は彼らの発言を十分理解するのは困難だった。わかるまで何度も聞く。じっと待つ。それをうっかり介助者に「通訳を」と言おうものなら、即糾弾となる。吉本隆明は講演の場でそれをやってしまった。

いずれにせよ、障害者が当事者として自ら自覚的かつ主体的に社会に向きあい、たとえそれが告発糾弾闘争であったとしても、その意義は大きい。歴史的に高く評価されてしかるべきと考える。それを踏まえた上で、読者の方には「日本の盲人史」を理解していただきたい。

「世界に類のない日本の盲人史」である。これは、私が立教大学での授業の講義をまとめた『はじめての障害者問題―社会が変われば「障害」も変わる―』（現代書館）の第四講話である。この歴史はいわば今日的にいえば「当事者」運動であって、かつ、世界史には二つとない画期的な歴史である。それを何度かに分けて今後掲載しようと思う。ただし一回の紙幅に限りがあるため、時代区分の流れがちょうどうまくいくかどうかはわからない。

古事記

世界に類をみない日本固有の「盲人史」、したたかに、あるいはずるがしこく、また懸命に生き延びてきた障害当事者の輝かしい歴史物語です。

歴史的に名称をたどると、盲《めしい》、瞽者《こしゃ》、盲《めくら》、盲人、視覚障害者となります。

古代記紀の時代には、盲は物乞い生活をしていました。不吉なるものとされていたのです。『古事記』では、旅立ちにあたってあらかじめ盲の不吉なる者たちに会わないよう、占いを立ててからその者たちと会わない方向へ旅立ったとされています。

奈良時代

唐から輸入した律令制度では、手足を失った者や両眼を失明したものを「篤疾《とくしつ》」と呼び、八〇歳以上の老人と篤疾者に対して侍者《じしゃ》（高貴な人や尊い方の身のまわり、雑用をする人）を一人つける規定がありました。琵琶もこの頃に伝来し、盲人の琵琶法師、地神盲僧《ちじんもうそう》がいました。因果応報と慈悲の仏教思想のもと、仏教寺院や寺との関係が深く、奈良から平安時代にかけて、寺を中心に物乞い生活をしていました。

地神盲僧について言えば、例えば「めくら蛇におじず」ということわざがあります。今では、この意味は、無知なものは物怖じせず無鉄砲にふるまうとか、向こう見ずなことをするなどのマイナス評価ですが、本当はまったくその逆で、比叡山延暦寺の地鎮祭に盲僧が毒蛇のいる草木を分け入って、堂々お祈りをしたというプラス評価にありました。それがいつの間にか、現在のようなマイナスの意味になってしまったわけです。

平安時代（皇室と盲人の関係）

『今昔物語』には、琵琶の名手である蝉丸が登場します。『大鏡』では、「盲帝《めしいてい》」として三条天皇の生活が描かれています。この頃、九州、中国地方を中心に「地神盲僧」の組織もあり、皇室の関係を流布していました。

『当道要集』では、仁明天皇の第四公子に人康親王《さねやすしんのう》がいました。二四歳で失明して、官職を退いて出家し、山科の里で隠遁生活を送ることとなりました。盲人たちに琵琶などを教え、出身である鹿児島県大隅から米を運ばせて、保護したとされます。

その人康親王の母によって、天皇から盲人たちに、検校《けんぎょう》、勾当《こうとう》などの官位が与えられたということです。これが当道座の位階の始まりとされます。しかしこれは、史実的に確かであったかどうかはよくわかりません。

鎌倉から室町時代へ

宮廷雅楽や仏教と結びついて、盲人が独占的に平家物語を琵琶で語りました。その独占は鎌倉時代の初期から中期にかけて確立されたものです。当道座のルーツになる琵琶法師の「座」の原型がつくられました。

室町時代

この時代、同業組合の「座」が発展、確立されます。琵琶法師の「座」も確固たるものになります。当道の道は芸能の道で、わが道の「座」を意味します。

一五世紀は平家琵琶の黄金期に入ります。宮中の儀式でも琵琶演奏が催され、宮廷や将軍家のお座敷にも呼ばれましたが、彼らはほんの少数のエリートでした。その一方では、街道や寺院周辺で三、四人の集団をつくり、杖と琵琶を背負った下級琵琶法師が多くいたわけです。これが現実ではなかったでしょうか。ちなみに、「ザトウクジラ（座頭鯨）」という名のクジラは、それが琵琶の形に似ているからとか、琵琶を背負った盲人の姿に似ているというところからきたようです。

一方、津軽から越後にかけて、盲女性の芸能集団で瞽女《ごぜ》というのがありました。起源は不詳ですが、室町時代の文献に出てきます。

足利尊氏の従弟である明石覚一《あかしかくいち》検校（一三七一年没）が、歴史的に信頼のもてる初めての検校といえます。明石検校は、鍼灸を盲人の職業として提唱します。

後醍醐天皇の勅定によって、検校、別当、勾当、座頭などの一六の位階からなる「護官制度（盲人に官位を与える制度）」が定められました。そして、平安京都に「当道職屋敷」をおいて管理し、江戸時代になると関八州にも同様の「屋敷」が造られました。

江戸時代（当道座の完成）

一七世紀から十八世紀にかけては、八橋、生田、山田の三検校によって、盲人の職業として邦楽（箏《こと》、三味線）もさかんになりました。すでに琵琶は衰退していました。

身分社会が完成した近世において、「当道座」も、疎外された身分組織としてその完成をみました。

検校は大名家への出入りが許され、一万石の格式が与えられて、朱塗りの駕籠に乗っていたと言います。勾当は旗本などに出入りができました。

座頭は、一定区域内の町方の盲人を統率する役割が与えられていたといいます。いわば現場監督といったところでしょうか。座頭というと低い身分に見えますが、当道座が七二の位階になっていることから、そうでもないようです。座は男だけの集団で、三千人いたといわれています。

当道座、当時の盲人の仕事は鍼按《しんあん》、邦楽、金貸し金融で、その生計は主に、護官制度に基づく配当金や、婚礼出産、家督相続、法事、新築増築、寺院の確立や増改築、武家の役替えや所替え、将軍家の縁組、出産宮参りなど、各種行事で盲人に鳥目《ちょうもく》を出すことが定められていました。豪商や由緒ある家柄に冠婚葬祭などがあると、町内の盲人が数名連れ立って、挨拶をして鳥目を受け取ることになっており、その金はいったん座頭が預かり、暮れになってその年の金額を計算し、二割を座頭に、残りは皆で分配したと言います。

当時、盲人から借りた金を返さないと、百叩きの刑などが科せられ、盲人の金貸し業を保護したとされます。聞いたところでは、数名の盲人が玄関先で「めくらの金を取った」と大騒ぎをし、いたたまれず返したと聞きます。「座頭金」というのがありますが、ちょっとえげつないことをやっていたようですね。

按摩や箏の師匠に弟子入りできた盲人は中産階級出身で、自分の生活費はおろか師匠への付け届けも多かったため、裕福な家でなければなりませんでした。貧困家庭の盲人たちは、縁日や群集の場で木魚を叩いて歌い、祭文（祭りのとき神霊に告げる文）を語るなどして、恵みを受けるしかなかったようです。

ところで、今日の私たち盲人にとっても神様のような検校がいます。それは杉山和一《すぎやまわいち》検校です。杉山和一は三重県伊勢の出身で、江戸に来て鍼を習っていたのです。しかし彼は不器用だったものですから、当時の鍼は若干太く、皮膚に直接刺す撚鍼法《ねんしんほう》という打ち方で、いずれにしても、江戸で身を立てることもできず、それで伊勢に帰る途中江ノ島の弁天様に立ち寄ったのです。

私は静岡県立盲学校の小学部の修学旅行で江ノ島に行きましたが、このときはまだ木の橋で、それを渡ったすぐ左手に、直径一メートルほどの石がありました。私も勘が悪いんですが、杉山和一はこの大きな石につまづいて転んだというのです。本当に不器用で勘が悪かったんでしょうかね。それで転んで、たまたま、枯葉がくるっと管のようにまるまった中に松のとがった葉があって、それが彼の皮膚を刺したというのです。どうも信じがたいのですが、それをヒントにして、今も使われている「管鍼法《かんしんほう》」というのを編み出したわけです。これはとても細い鍼です。

五代将軍綱吉の病気をこれで治して、それで褒美を与えると言われて、自分は目が悪いから本所一つ目に鍼の講習所がほしいといって、そこに「鍼治《しんじ》講習所（学問所）」を開くことになりました。盲人はもちろん目の見える人にも教えて、各地に同様の講習所がつくられていったわけです。

鍼治療を向上させたのも当然ですが、私たち盲人の職業を営々と成り立たせた功績も大きいのです。だから私は江ノ島に行くと必ず、杉山和一検校のお墓に手を合わせます。

検校について

ここで検校に絞って話をします。明石覚一検校、八橋、生田、山田の三検校、杉山和一検校、そして塙保己一検校、この人たちを特に覚えておいてください。

塙保己一検校は国学者として有名ですが、こんな逸話が残っています。弟子が塙保己一検校に文献を読んでいたら、読むのをやめました。訳をたずねると、弟子は、風が吹いて灯りが消えてしまい読めません。そのとき保己一は、「目あきは不便だなぁ」と言ったといわれています。なかなかとんちのきく人のようです。

ここ埼玉県新座市の話をしますと、埼玉の歴史的な偉人が三人いて、一人が実業家で近代日本資本主義のリーダー、資本主義の経営モラルを説いた渋沢栄一、二人目は初めて公式に認められた女医の荻原吟子、そして塙保己一です。

塙保己一検校は、小笠原諸島が日本国の領土になった立役者だと言われています。小笠原諸島は無人島でしたが、アメリカ人が最初に小笠原に来て、下田に来たペリーも立ち寄りました。はじめは通商交渉が目的で日本に来たわけではなく、油のために鯨を取っていて、今はクジラがかわいそうと言っているんですが、その捕鯨基地のために日本にやって来たのです。

島などの領土は宣言しただけでは領土にならず、地図や文献に書かれていなければならないそうです。それで一八五〇年にペリーに対応するため、幕府が保己一の息子治郎にあわてて請求したというのです。それが「和学講談所」にあった文献（群書類従）で、この講談所は保己一のものでした。保己一が文献を持っていたということで、それでアメリカやロシアなどの列強と対応して、明治九年に正式に小笠原諸島が日本国領土になったのです。この埼玉に、たいそう立派な盲人がいたわけです。

明治時代

いよいよ明治時代を迎えます。疎外された身分制社会の中で一定の安定を得ていた盲人史も、激動の時代に入ります。明治四（一八七一）年の廃藩置県とともに護官の制度も廃止されて、全国にあった「鍼治講習所（学問所）」も幕府の財産として新政府に没収されます。それで、鍼治の教育研修の場がなくなるわけです。しかも明治七（一八七四）年には、医師制度が制定され、漢方や東洋医学は西洋医学にとって替わられ、鍼灸あんまは民間医療となるわけです。

話は変わりますが、明治一一（一八七八）年に東京盲唖学校が設立され、続いて「楽善会訓盲院」つまり東京盲唖学校が明治一三（一八八〇）年に設立されます。当時は「盲唖」

でしたが、明治末に盲と聾唖が分離され、それぞれの学校になります。

そして明治二三（一八九〇）年に東京盲唖学校の教諭である石川倉治が、「日本訓盲点字」を考案します。点字には英語があるんですかとよく聞かれますが、そもそも点字はフランス語のアルファベットで、一八二九年、フランスの盲人ルイ・ブライユが点字を考案しました。当時の軍隊が暗号として発明して使っていたもので、それを盲人のために点字にしたものです。それを日本語に当てはめたので、基本的にはひらがなの表意文字ではありません。

鍼灸あんまの話に戻りますが、近代資本主義が産声をあげて、地方の農村から労働力として人口が都市に流入してきました。しかし、資本主義経済は好景気ばかりでなく、不況や恐慌があるわけで、失業した人たちがあんま業などに入ってきて盲人の職場を侵食します。

実は江戸時代にも同様なことが起こりました。埼玉出身の吉田久庵《きゅうあん》という人が、参勤交代で江戸に来た武士などを相手に、あるいは花柳界などで風俗まがいの「あんま」を業とします。盲人数名がそんな施術所に入り込んで、いわば座り込み闘争、実力闘争をするといったこともありました。

明治二七（一八九四）年に「鍼按を盲人の専業に」という請願が出され、衆議院では可決されますが、貴族院では否決されました。都合三回このようなことが繰り返されました。明治三五（一九〇二）年には「盲人医学協会」が創設され、「板垣死すとも自由は死せず」と言った板垣退助伯爵が応援し、専業運動にも協力します。

ちなみに、当時の人口は五千万人程度で、うち盲人は七九、五六七人。七人（一桁）というところまで実態調査を行ったんでしょうね。現在は一億二千七百数十万人で盲人は三〇万人です。

大正から昭和へ

大正一五（一九二六）年に「衆議院選挙法」が改正されて点字投票が導入され、一九二八年に初めて衆議院選挙で実施されました。点字投票総数は五、四四〇票ほどでした。これが少ないか多いかはわかりません。当時はまだ婦人参政権などもありませんし、盲人も点字の読み書きができる人は限られていたはずです。十数年前、厚生省は初めて五年ごとの実態調査の中で点字使用者数を調べたところ、一割程度で、一昨年文科省が児童生徒を調査したのでは、点字使用は6・7％しかいませんでした。そんな状況です。

話しは変わりますが、特に太平洋戦争中、多くの障害者は「非国民」「ごくつぶし」と言われ、防空壕に入ることさえ拒否されるということがありました。そんな中、盲人たちは何をしたかというと、帝国陸海軍に「戦闘機日本盲人鍼灸号」を贈るために三〇万円を集め献納したのです。また、あんまマッサージ師の軍隊への慰問団、さらに帝国陸軍では盲人に米軍機の発見のために音を聞き取るレーダー役をさせたりもしました。

戦争直後の話になりますが、GHQが鍼灸は野蛮な治療だとして禁止しようとし、厚生省も医療制度審議会で禁止の方向に動き出しました。全国の盲人たちは皇居前広場で「業権擁護全国盲人大会」を開き、国会などに激しい請願運動を行いました。ピンチはピンチであってピンチはチャンスとは信じませんが、このときばかりはピンチをチャンスにしました。それまで鍼灸あんまは警察署、警視庁の所管にあったわけですが、昭和二二（一九四七）年一二月に、厚生省所管の「按摩、鍼、灸、柔道整復等営業法」という法律が制定されることになりました。

これが概ね一千数百年におよぶ盲人の歴史というわけです。

ここで私なりに盲人史の総括をすると、一点目は『古事記』の時代の盲《めしい》が不吉なるものとして物乞いをし、皇室との関係を深め、幕府からも手厚い保護を受け、江戸時代には検校として大名家に出入りし、朱塗りの駕籠で移動するというところまでにいたったわけです。つまり、時の権力に従うのを良しとし、権力にすり寄り、利用もし、したたかに、たくましく、そしてずるがしこく振舞ったと言えるのです。

二点目は、琵琶法師、盲僧、鍼、あんま、箏、三味線、金貸し金融業など、生業、職業といったものが重要な役割をはたしているのです。

三点目は、集団的行動、あるいは互助的、相互扶助的組織や関係をつくり、今でいう当事者運動、障害者運動を展開したと言えます。こんな輝かしい「盲人史」は日本だけです。

第７章　日常の羅針盤

盲人とことばたち

歩きスマホは大変危険だ。条例で禁止すべきでは。アメリカでは州法によって禁止しているところもある。その代り、走りスマホは認めてもよかろう。

今のようにメールがない時代は携帯電話で、それもあちらこちらで喋っていた。朝、家を出ていつもの道を歩いていると、「おはよう」と声をかけられた。私もとりあえず、「おはようございます」と返す。相手は携帯電話に話していた。私の友人が山手線に乗って椅子に座ると、「元気？」と言われ、「はい、元気です」と答える。これもまた携帯電話であった。喫茶店に入るため階段を上がっていくと、上から「どうもどうも」、私もつい「どうも」。携帯はわけがわからん。

その後は今やスマホの時代。視覚障害者の私に目明きがぶつかってくる。歩きスマホは危険、走りスマホにすべきであろう。

先日のお昼、東京都障害者福祉会館の隣の港区勤労福祉会館の食堂に入って、東京豚のカレーライスを注文した。まずまずの味である。

男性店員が「右手の前に生ビールを置きますね」。そしてしばらくしてカレーライスを持って来て、「お皿の左に福神漬け、その右がライス、右側がカレーです」と説明した。

その後すぐ、女性店員がやってきて「カレーの上にスープを置きますね」。

心の中で思わず「えっー」と叫んだ。なぜ「お皿の向こう側に」と言ってくれないのか。向かい合った場合、話し手が自分を中心に「右です」と言う。右に行くと「いや、左です」と言い直す。気が利く人は私を中心に、「左です」と言う。さらに気が利く人は、「堀さんからみて左です」となる。

三本めの路地の角に蕎麦屋があって、その時うっかり曲がる道がわからなくなってしまい、通りかかった人に、

「この辺に、お蕎麦屋さんはないですか？」

「おそばを食べたいんですか？　この大通りを渡ってむこうに行くと、たしかお蕎麦屋さんがあると思いますけど」

なるほど、意思疎通は難しいものである。機転をきかせてありがたいのだが……。

初めて入る居酒屋では、つまみの注文はやっかいである。一番困るのは、「目が見えないので、どんなつまみがありますか？」。「どんなものが食べたいんですか？」いやはや、胃に相談している場合ではないのに、具体的なイメージもわかず苦慮する。次に困るのは、「焼き物がいいですか、煮物か、揚げ物もありますが」と言われる店だ。目が欲しがる、という日本語もある。厚揚げを食べるぞ！　と思って店には入らないだろう。もっとも私の場合は、黒キャビアかフォアグラ、からすみといったところであろうか。混んでいるときには最初におススメの一品を頼み、後は他のお客の注文を聞きながら頼む。こうして、そのため、好き嫌いを克服したのだ。値段は聞けない。

また、ホームや車内のアナウンスについてである。電車も時刻通り運行する日本は、世界一である。ホームのアナウンスで「大変お待たせしました」ということに対して、タレントのデーブ・スペクターが「時間どおりに来て待たせてもいないのに」と言っていた。ホームや車内アナウンスを静音運動ということでできるだけ小さく、短くアナウンスすべきと言われているようだ。にもかかわらず、必要な情報は与えず、「お近くのドアからお降りください」。だれがわざわざ遠くのドアから降りるものか。「お近くの」は無用。となると、「ドアからお降り下さい」となる。誰が窓から降りるものか。結局このセンテンスの時間は無駄。「降りてから電車から離れてお歩きください」とまで言う。

先日、田園都市線の二子玉川駅で、電車のドアに白杖がはさまれて出発するという事故が起きた。これも、全盲の人が電車が普通か急行かを車内の人に聞いたが返事がなく、ドアが閉まって白杖がはさまったということだった。ホームのアナウンスがしっかり到着電車の情報を伝えていれば、こういう事故は起きなかったはず。

短い時間の中でも必要な情報、言葉の使い方に工夫してほしいものだ。

堀利和の世界

ニューヨークの博物館で恐竜展が開かれていた。そこで久しぶりに入った紳士が、「ところで、この恐竜は何年前の恐竜なんですか?」と、博物館の職員に聞いた。

「はい、これは六千万年と三年です」

「六千万年と三年? どうしてそんな細かいことまでわかるんですか?」

「ええ、私がこの博物館に来てから三年経ちましたから」

中華屋で、若い男の店員がラーメンを運んできた。

「おい、おまえ、指が汁のなかに入ってる!」

「大丈夫です。熱くありませんから」

「おい、おまえ、ゴキブリが入ってる！」

「大丈夫です。私も昨日食べましたから」


毎日酒ばかり飲んで、働かない亭主がいた。妻は着物を縫って暮らしをたてていた。

「痛っ！」

「どうしたんだい」

「針が指にささったの」

「大丈夫か」

「あんた、私のこと、心配してくれてるんだねぇ」

「そりゃそうさ。おまえがけがしたら、明日からこうやっていられないからなあ」

「与太郎、毎日寝てばかりいるんじゃねーよ。起きて働け」

「働いたら、どうなるんだい」

「そりゃあ、働けば金を稼いで、毎日うまいものを食って、そいでもって一日寝てられる」

「じゃあ、おれ、このままでいいや」

午後十一時のプラットホームでアナウンス。
「まもなく電車が入りますので、お気をつけください」
千鳥足の酔っ払いが
「あたりまえだろ！　飛行機が入ってくるわけねぇだろ」。

人生の中途で失明すると、なかなか障害を受容できない。

かなり視力を失った五四歳の男性公務員が、白杖をつかないで歩き、電車に乗った。かろうじて空席を見つけ、座った。

若い女性の膝の上。

これは実話である。読者のおっさんも、中途失明者になりたいかな。


歴史的経緯から、北海道は意外に共通語、特に札幌は。「……じゃないかい」という以外は。

昨年、札幌に行ったときの話だ。今は市職員の彼が、愛知工業大学で体育系の部活に入った時のこと。名古屋などは「みゃーみゃー」だけとは違い、意外にも関西弁も幾分入っている。彼が運動場を何周もまわって帰ってくると、先輩が、

「おまえ、えらいなあ」

「いえ、私、えらくありません」

「そうか、じゃあ、もう一周走ってこい」

「やっぱし、えらいなあ」

「いえ、私、えらくありません」

「そうか、もう一周走ってこい」


障害者（精神障害者を除く）に運賃割引があることをご存知だろうか。介護付には二人で一人分。単身の場合は百キロ以上は半額となる。その上で、お話を一つ。改札口での駅員との会話。

「お客さん、それ、こどもの切符ですよ」

「てっやんだい、おれはいつも世間から半人前って言われているんだ」

ちなみに、日本では本人と介護者が半分ずつで一人分、ドイツでは本人は一人分、介護者は無料となっている。ドイツのこうした考え方を支持。日本でもバリアフリー映画館チュプキの入場料に注目。

今と違って、私は四〇年ほど前は少し見えていた。視力〇・〇二ぐらい。その頃つくった川柳を一句。

〈赤信号　弱視が見たら　赤ちょうちん〉

テーブルマナー

朝、食堂でスウプを一さじ、すっと吸ってお母さまが、

「あ。」

と幽かな叫び声をお挙げになった。

「髪の毛？」

スウプに何か、イヤなものでも入っていたのかしら、と思った。

「いいえ。」

お母さまは、何事も無かったように、またひらりと一さじ、スウプをお口に流し込み、すましてお顔を横に向け、お勝手の窓の、満開の山桜に視線を送り、そうしてお顔を横に向けたまま、またひらりと一さじ、スウプを小さなお唇のあいだに滑り込ませた。ヒラリ、という形容は、お母さまの場合、決して誇張では無い。婦人雑誌などに出ているお食事の

いただき方などとは、てんでまるで、ちがっていらっしゃる。

これは、太宰治の『斜陽』の冒頭の文章である。お母さまがマナー通りに食事をしているわけではないが、それがむしろ優雅で品のある姿として見える。そんな風景を描いた文章である。

私たち障害者にとっては、しかも障害の特性によっては、食事の方法はマナー通りにはいかない。たとえば、脳性マヒ者がビールを飲む時にはストローで呑む。また、重度の障害者にあっては介助してもらうということにもなる。でも、それが当たり前の風景である。視覚障害者である私は左手で料理を触り、確認しながら食べる。大勢で食べる際には私用のお皿に「餌」を入れてもらう。

さて、いわゆる西洋料理はどうするかである。これは日本料理より食べにくい。ご飯、味噌汁、おかずなら、左手に茶碗やお椀をもって食べることができる。場合によってはお皿でも左手で持つ。ところが、西洋料理はそうはいかない。ステーキの場合はどうするか。まず、ナイフとフォークでステーキを食べやすい大きさに切って、それからフォークを右手に持ち替えて刺して食べる。ライスも右手で食べる。

これは、私が日本人だから西洋料理が食べにくいというわけでもなさそうである。三〇年ほど前、ＤＰＩ（障害者インターナショナル）のアジアブロック結成大会でオーストラリアのアデレイドに行った時のことである。レセプションでたまたま、オーストラリア人の二〇代後半の全盲女性と席が隣になった。彼女は長崎に二年間留学した経験があり、それでお互いカタコトの英語と日本語で会話ができた。

特に欧米人は箸で食べるのが苦手であるが、そのハンディを考慮にいれて、彼女に聞いてみた。箸で食べるのとナイフやフォークで食べるのとではどちらが食べにくいか？　すると、日本料理の方が食べやすいと答えた。やはりそうか、と納得した。茶碗やお椀、器を手にもって、しかも口をつけて食べたり飲んだりすることができる。さらに有利なのは、ナイフやフォークの金属製よりも箸の木の方が感触が伝わってくる。ただし、箸を使えない脳性マヒ者の場合はフォークの方が使い勝手がよい。ここで目の見えない者が苦手な代表格は、もりそば、冷奴、魚の姿煮・姿焼き。検校の演劇で、どうして里芋ばかり食べるのですか？「お里には骨がないからです」というセリフがあった。

三〇数年程前も前のことだろうか、母親と施設からの反対を押し切って盲人施設を出て、一人暮らしを始めた盲ろう者Ｓさんがいた。おそらく盲ろう者の自立生活の第一号ではなかろうか。私も彼を支援して、そして施設を出た後、居酒屋で呑んだ。

つまみにお刺身の盛り合わせを頼んだのだが、

「この固いのはなんだ？」

「それは木、小枝」

「なぜ、食べられないものをいれておくのか」

確かに。食べられない小枝を刺身皿に入れるのはおかしい。その通りだ。施設ではそんなことはもちろんありえない。

話は変わるが、キツネとつるのイソップ物語がある。キツネはつるを招待して、食事をふるまう。キツネはお皿の料理を食べているのだが、つるはとても嘴では食べられない。今度は、つるが恩返しにキツネを招待する。つるは筒の器で料理を食べるのだが、キツネは口が入らない。

障害者権利条約、障害者基本法、雇用促進法、障害者差別解消法↓社会的障壁を除去するための合理的配慮を行わないことが差別にあたる。ただし、配慮が「過重な負担を課さない時」とされている。

第8章　世の中の現象学

差別社会の外に

　私はこれまで、その都度なにかを考えてきた。具体的なファクターに翻弄されながらも、広義のところでは一貫して、しかし私にはそれも漠然としたままで、そうはいってもとにかく一筋の基礎的な概念、課題を模索してきたと確信する。

　いつ頃かははっきりしないが、今見えてきたのは、「価値論」と「関係論」であるらしいということだ。つまり、あらゆる事象に対して、「価値と関係の変革」という視点で、その一点で、臨むこととなっている。そういう自分を感じるのだ。

　無縁社会、孤族、孤独死、孤立死といった社会現象を、差別という切り口から、そしてそれを先ほど述べた「価値と関係の変革」に期待しながら、さらには到達できないであろうその地点まで望みをかけて、現在立っている私の「立場性」でそれを考えてみたいと思うのである。

全国に毎年およそ数百の孤独死、孤立死があるという。死後一ヶ月、死後半年、長ければ死後一年ということもある。一ヶ月、半年、一年はいうまでもなく死んでからの月日で、時間の流れである。

誰にも見つけられずに、過ごした遺体である。誰からも関心をもたれず、白骨化していく遺体のウジだけが見守っている。

死後一ヶ月とは、死後半年とは、死後一年とは、ウジがたかるまでの一年前の、そしてさらにその一年前の……、誰も訪れなかった、関心すらもたれなかった、孤独の、孤立の、ただひとりぼっちの生活だった。

孤独の、孤立の生活は、差別されることはない。差別もしてくれない。せめて差別してくれる人がいれば、毎日いじめにきてくれる人がいたら、ウジ虫に遺体をプレゼントするようなことにはならなかったはずだ。

おもいっきり差別して、いやというほどいじめて、それで無言の抵抗にあって、それで一層差別する、いじめる貴い「価値」を感じて、ウジ虫とも「関係」をもつこともなく、孤独死の、孤立死の前の「生」と、私の「価値」と「関係」のそれとを重ね合わせて、そうすればようやく、私たちは充分満足ができたであろうに。

死後一ヶ月、死後半年、死後一年のウジ虫の餌になった遺体は、私たちの差別社会の外にあった。本当の孤独とは、孤立とは、そんなものだろう。ウジ虫に聞いてみたい、「おまえは孤独だったか、孤立を感じているか」と。

公平ってな〜に？

私の娘の一人がおちこぼれで、私が落ちこぼしたような気もするし、社会が落ちこぼしたような無責任な感じも持っている、実は。その娘について、若干カミングアウトすると、小学校二年生の頃だったか、同じ学童保育の子に「知的障害」の子がいて、しかし娘にとっては行政用語のことばがわからないから、「頭の不自由な子がいて」と話していた。

本来「不自由」なだけで、「目が不自由」「耳が不自由」「身体が不自由」。しかしこれでは差別もできないし、一方、年金や雇用率の対象にもならない。社会が「障害者化」して、「障害」という政策概念、行政用語が形成されるのだから、それはそれとしてとりあえず責任をとってもらうことにしよう。

ある日たまたま保険料支払いの話から発展して、その「不自由」を理解していると思う娘に、障害基礎年金の現状について説明することとなった。

国民年金は完全賦課方式で、今納めている税金と保険料が、年金を受け取っている人に支払われていること。障害者はすでに年金を受け取っているから保険料が免除されていて、障害基礎年金二級月額六七、〇〇〇円、一級は25％増しの八三、〇〇〇円を受け取っていること（おまえのお父さんも）。満額を受け取る単身者の所得制限が、年収三六〇万円になっていること。国民年金受給額の月平均五四、〇〇〇円（三万円の高齢者もいる）であること。

娘は非正規社員で、年収一八〇万円ほど。そんな話を一応説明した上で、「おまえの税金と国民保険料一八万円から、六七、〇〇〇円、八三、〇〇〇円が支払われている関係」と。

さらに付け加えて、年収六〇〇万円以上の障害者（六〇〇万円以下は年金額二分の一）は、所得制限でいま年金をもらえていないから、その制限をなくして八三、〇〇〇円を出すべきと主張するひともいて、おとうさんが所属している日盲連という団体は、一級一二万円、二級一〇万円の年金を要求しているがと。

娘に、おまえ、税金と保険料をもっとだすつもりはあるか、ときいた。

賦課方式、年収一八〇万円の娘と年収六〇〇万円の障害者、そして一級一二万円・二級一〇万円の要求。

医療モデルとは、社会モデルとはなにか？　一人の同一の障害者（当事者）と父親の立場。

「所変われば品変わる」。

公平性ってなんだろう？　二種類の公平性があるのだろうか。「人並み」とは？　「人並み」も「ふつう」ももはや崩壊している昨今、正当な公平性、下から目線の社会的公正とは何か。正当とは、下から目線とは……。

99％の異常

何が正常で、何が異常かはそう簡単ではない。一般的にはたしかに数の多い方が正常で、少数が異常となる。はたしてそうか。そのように数の論理だけをもって決めることができるのか、それほど単純ではない。

とはいえ、先ずオーソドックスに数の論理に従って、何が正常で何が異常かを考えてみたい。落語の中に大変興味深い『一眼国』という演目がある。

これは、江戸で盛んな見世物小屋の話で、客をもっとたくさん入れて大もうけしようとした男が、江戸から西に百里離れたところに、一つ眼の人間が住んでいることを聞きつける。それでさっそく旅支度をして出かけ、目的地に着いて、一つ眼の女の子を発見。連れ去ろうとするが、逆に一つ眼の男たちにつかまってしまう。お白州に出されて、代官から「こ奴、目が二つある。おもしろい。調べはあとにして、すぐ見世物小屋へ連れて行け」

という落ち。

日本では人口の約5〜6％が障害者。

では、歴史に残る天才はどうか。ソクラテスやアリストテレス。レオナルド・ダヴィンチ、ゴッホ、ピカソ、そしてシュールレアリズムの画家で有名なダリ、彼など変人の極みだ。天才アインシュタインはどうか、彼は今ではアスペルガーであったともいわれる。韓流ブームのイケメンタレント、彼らは明らかに少数の希少動物。

そこで「価値」の観点から、何が正常で何が異常かを改めて考えてみたい。ヘンな障害者と変わり者の健常者が共に働く「社会的事業所」。

競争とストレス、無関心と偏見、不安と疎外、装いと実像、抑圧と依存、「人並み」の崩壊。「普通」の屈折、他人で処分、大衆のリンチ、「手術台の上のニシンとこうもり傘の不意の出遭い」（ロートレアモン著『マルドロールの歌』）。

正常な狂気が、異常を告発する。大衆・多数を告発する。

こんな小話がある。与太郎といえば、今風にいうと軽度の知的障害者。

「与太郎、いつまでも寝てるんじゃねぇよ。起きて働け」

「起きて働いてどうするんだ。なにかいいことでもあるんか」

「働きゃ、金がもうかる」

「もうかったら、どうなるんだ」

「もうかりゃ、うまいものも食えるし、いいものも着れる。それに、寝たいときにゃ、いつだって寝ていられる」

「じゃあ、おれ、このままでいいよ」

わが方が正常だ。それがオルタナティブというものだ。

「個人的労働」のアウフヘーベンを求めて

「あなたみたいな人はどこの会社も雇わない。私のところだけでなくて、あなたがどこに行っても、何回面接を受けても、落ちる。」

これは誰の責任か。原因はともかく、面接に落ちて就職ができなかった結果は、事実。就職ができなかった障害者は、事実。

この事実に対して、誰が、その理由をどう説明するのか。

この障害者を雇わない企業の論理、結論を先に言えば、資本家（経営者）は資本の論理を人格化したに過ぎない。経済合理主義の立場からすれば、雇わない経営者が必ずしも非人道的で悪人というわけではない。

そのカギは、雇う雇わない、一般労働市場における雇用は「契約」であるから、自由契約であって、したがって原理としての労働力商品化を認めざるを得ない。奴隷は身体そのものを商品化し、労働者は労働力を商品化している。農奴は生産物を外部から収奪された。労働力商品化については、形式的等価交換に基づく搾取の構造が、経済学によってすでに明らかにされている。しかしその限界は、一九世紀以降の経済学も、そもそも「個人的労働」、すなわち一個人の労働力を前提にしており、しかも「個人的労働」とは健常者の平均的労働を想定している。搾取と失業をイデオロギー的、経済学的に批判するか否かはともかく、つまり資本主義であろうと社会主義であろうと、結局、労働力の所有者「個人」を基本にしている。「個人的労働」なのである。健常者の平均的労働に他ならない。かつてそれが、四人家族の父親の労働力と賃金という関係であった。

「個人的労働」のアウフヘーベンとは、労働力所有者「個人」の単位から、その呪縛から、いかに「経済学」を解放するかである。ソ連でも「盲人工場」というのがあっても、その他の多くの障害者が労働力に動員されたという話はあまり聞いていない。労働力が「個人」の単位である以上、当然の帰結であろう。

「個人的労働」の概念を超克、アウフヘーベンするとはどういうことか。そのカギは「社会的事業所」の働き方に秘められているように思われる。私は一、二年をかけて、プルードンの社会学、マルクスの経済学、国家学を振り返りながら、なぜならそこには「答え」はないが手がかりとしての概念は豊富に存在するので、そこから探求してみたいと思う。社会的事業所の存在意義、レゾンデートルの確認のために。

右手に虫めがね、左手に望遠鏡を！

現在高い支持率を維持している「アブナイミクス」は、金融バブルと公共事業のばらまきに期待を集め、デフレ脱却への経済をかもし出している。しかし結論を先に言えば、私は、日本においては少なくとも財政、金融、実態経済の好循環はそんなに簡単に望めないとみている。だから、それが以前のような単なるバブルの崩壊とは違って、日本国債の下落・暴落による財政破たんの危機的状況に陥るのではないかと懸念している。

ではそうではなくて、反対にアブナイミクスがうまくいったら、どうなるか。高い支持率と世論形成を背景に、憲法も教育も、原発もすべて、アブナイミクスによっていけいけどんどんとなる。

どちらに転んでも、私たちにとってはいいことはない。されど、アブナイミクスの賭けはもはや始まっている。七月の参議員選挙の自民党の動きは、私たちの周りにも見え始めた。

＊自民党のユニバーサル社会推進議員連盟が、二月一九日に四年ぶりに開かれ、障害当事者団体や各省庁の担当者を集めて意見聴取や予算の報告を行った。議連の会長には石破茂幹事長、事務局長には盛山正仁衆議院議員が就任。顧問は二階俊博、副会長に細田博之、菅義偉、田村憲久、幹事長は林幹雄、幹事は金子恭之などの議員。参加団体は、日身連、日盲連、全日本ろうあ連盟、全脊損連合会、手をつなぐ育成会、全国精神保健福祉連、日本発達障害ネット。

＊「第十五回日本の福祉を考える会」が東京・永田町の自民党本部で開かれ、勉強会では「社会保障・税一体改革と地域包括ケアについて」と題して、厚労省の唐澤剛政策統括官から説明があった後、懇親会では同会の広江けん会長から、衛藤晟一参議院議員を支援する挨拶があり、衛藤議員から福祉政策充実に努力する旨のことばが述べられた。障害当事者団体の参加者それぞれに対して交流が行われた。

＊は『点字ＪＢニュース』より要約

参加した日本・全国団体が「色」もなく常識派として映るのは、弁証法的イデオロギー批判を学んだ者なら、誰でもその意味を容易に理解できる。だから、私たち市民運動型には「色」があると見られてしまう。

また歴史から学ぶと、先の太平洋戦争では全国的な盲人協会連盟が帝国陸海軍に「戦闘機日本盲人鍼灸号」を献納し、軍隊にマッサージの慰問団を派遣している。大正から昭和において女性の地位向上、社会進出、婦人参政権を闘った平塚らいてう、市川房江は、戦時下においても女性解放のために戦争協力の大きな役割をはたしてしまった。戦後初めての選挙では婦人参政権が認められたものの、市川房江はＧＨＱから公民権の停止を受け、選挙には出馬できなかった。

また一つ思い起こすのは、ブレヒトの戯曲に、ナチス・ドイツ下の夫婦のセリフとして「わたしたち、何も悪いことをしなかったよね」

「なにもしなかったから、こうなってしまったんだよ」。

日常の断絶と連続性

全国研修会が被災地仙台を中心に開かれた。福島の被災障害者を描いた『逃げ遅れる人々』が最後に上映され、研修会は終わった。

「逃げ遅れた」ではなく「逃げ遅れる」という意味は、客体から主体の立場にひきつけた監督の意図がうかがえる。そして「逃げる」というキーワードは被災した人々に人生の選択を迫り、「逃げた人」「逃げられない人」「逃げない人」というように、様々な人間模様を映しだした。

いうまでもなく二〇一一年三月一一日午後二時四六分を境に、風景は一変した。それまでの日常生活、ふつうの生活、ごくふつうの営み、それが一瞬のうちに激変した。被災者は異口同音に、「ふつうの生活」「当り前の暮らし」がどれほど尊いか、大切か、一日も早く取り戻したいと言う。障害者も同様である。

しかしながら、障害者には健常者と違ってもう一つのキーワード、「連続性」がある。その辺のメッセージ力がこのドキュメント映画には若干弱いように思われた。つまり、二時四六分以前のそれまでの生活が鋭く描き出されていないからであろう。もちろん障害者も一変したが、以前と以後の「連続性」が同時に問われてよかったのではなかろうか。

障害者は地域の一員として、本当に地域社会の中で暮らしていたのだろうか。コミュニティインクルージョンは実現されていたのだろうか。それを単に避難所や仮設住宅の一時的なバリアフリー（物理的、福祉的、心理的）の解決に求めて事足りるとしてよいのだろうか。

「負の連続性」。二時四六分以前にも実は、障害者は地域の中でエクスクルージョン、すなわち地域の人と共に生活をしていなかったという時間的連続性、継続性、社会的に排除された状態のままでの以前が、「以後」に、可視化され、顕在化されたのではなかろうか。その意味では、障害者にとっては「日常の断絶と連続性」が二重構造として認識されるべきと考える。

またもう一つの映像、NHKが放映した福島の或る病院をめぐるドキュメント番組が、今でも私の心に突き刺さっている。それまで働いていた看護師たちが、わが子を連れて病院を去る。看護を必要とするお年寄りを置いて。

看護不足に陥った病院は、しばらくして、看護師長がみんなに手紙を出す。寛容でやさしい文章がしたためられていたに違いない。

「逃げた私は、今さら戻れない」「患者を置いて逃げた私は、戻ることはできない」。やさしい看護師たちは、二時四六分の断絶によって、自責の念「裏切った自分」を苦しんでいるに相違ない。わが子を選んだ自分たちである。

日常の断絶と連続性。そのことを私たちは、二時四六分から、そして私たち自身の中から改めて学びとらなければならない。つらい作業ではあるが、そこから逃げるわけにはいかないのである。

労苦と労働を越えて（未来経済学ノート）

共同連が労働を通じたソーシャルインクルージョン（社会的包摂）を強調すると、「人は働かなくてもいい。働くことがすべてではない。自分らしく生きることが大切」と反論する人がいる。確かにそうかもしれない。しかし人は霞を食っては生きていけない。また、その真意は、働ける者だけが一人前で働けない者は半人前という世間一般の常識に対するアンチテーゼでもあるかもしれない。それも然りである。働けない者が人間として劣っているわけではない。自己実現には多様な選択がある。

しかし一見、この悟りともいえる実存主義哲学とは一体何であろうか。小林秀雄が書いていたが、今の若い者は世の中を捨てたというが実は世の中に捨てられているのだ、と。

労働の権利を保障できない国は、それに代えて生存権保障としての最低所得保障制度の措置を講じなければならない。しかしその根底には、国や世間はそもそもそれらの人に対して自然的生物学的に「働けないもしくは劣っている」という認識があり、だからといってそれをそのまま放置しておけないから、その前提に立って、新自由主義者は「温情主義」の立場をとり、福祉国家論者は「連帯主義」の公的責任論の立場をとる。いずれにしても、公的扶助（生活保護）は「劣等処遇の原則」に基づき、スティグマは免れえない。だから世間は、「あの人たち」と表現する。社会保障論を信じるか、もしくは世間を疑うか。

未来経済学の立場に踏み込めば、人間は、労苦からの解放と労働する解放を同時に獲得する。

労苦は、『モダンタイムス』のチャップリンのベルトコンベヤーに座る姿、大手T自動車会社の下請け会社ではベルトコンベヤーから離れたトイレの時間のカウント、第三セクターの会社では脊損の労働者がトイレにいかなくてもすむためのベルトコンベヤーの効率化。ブラック企業だけが労苦ではない。一方、自己実現としての「共働」の人間的労働がわずかにある。その「共働」といえども、労働時間の短縮は当然である。

労働力商品という特殊な商品は他の商品と違って、工場の中では生産されない。それは消費生活においてである。工場で消費される労働力は、安全安心のアメニティの生活の中から生産され、安全安心のアメニティの工場で消費される。両者はアメニティにおいてこそ実現されなければならない。それが、労苦からの解放と労働する解放の同一性である。

人間は、自然法則を変えることはできず利用するだけで、一方、経済法則は恣意的には変えられないものの自然法則と違って変えることはできる。それゆえ、労働力商品の「価値法則」を総括することはできる。未来経済学においては、朝に釣りをし夕べには狩りをするというまでには至らないまでも、すべての人に職業選択が限りなく可能になれば、重度の障害者もみな、自己実現としての人間的労働を通じて豊かな生活を営むことができる。

共働　専門家　受容

これは障害をもたない人のための一文章である。かつてはこのような事例を、告発・糾弾闘争の一類型と見なしていた。

先ず、共働について——

イエスキリストは、一人目の男に、九時から五時まで五千円で働いてほしいと頼んだ。男は約束した。喜んで、一生懸命働いた。キリストは二人目の男に、一時から五時まで五千円で働いてほしいと頼んだ。男は約束し、喜んで働いた。三人目の男に、四時から五時まで五千円で働いてほしいと、キリストは頼んだ。三人目の男も、懸命に働いた。

そうしたら、一人目の男は、自分だけが九時から働いて五千円、割に合わないと、キリストに抗議した。キリストは言った。あなたは喜んで働くと、私に約束したのではありませんか。（マタイ伝より）もちろんこれは今様に書き換えた。

ところで話は横道にそれるが、イエスキリストの誕生日が実は一二月二五日ではないという見解を聞かされた時には意外であった。もちろんキリスト教界では公式に一二月二五日であるが、その見解によると、ローマ帝国は太陽神の多神教であったため、当時神々の誕生日を一二月二五日にそろえたことから、それに伴って、イエスキリストも一二月二五日（ローマ帝国の太陽暦）になったというのである。実際は不明だが、七月説やその他の日も言われているというのである。

次に、専門家について——

知的障害者の作業所のことである。ペットボトルの濡れたキャップを、知的障害者の利用者が布で拭く作業をしていた。拭いたキャップがある程度たまると、職員はそれを流しに行って濡らし、また利用者の前に置く。その繰り返しはまるでギリシャ神話の『シーシュフォスの神話』を思わせる。

ある日、専門家の卵の実習生がやってきた。立派な指導ぶりである。職員が実習生に、ここに座って、と言った。濡れたキャップと布を渡した。実習生はムッとした顔をした。最近ではさすがにその作業はやめている。

そして、障害の受容について——

障害福祉論やリハビリテーションでは「障害の受容」は大切な概念である。特に、人生の中途で障害を負った者にとっては確かに必須要件である。自分が置かれている現実、その現実を認識し、真正面からそれを受け入れる。それがリハビリでいわれる「障害の受容」

である。専門家はそれを一途に指導する。

はたしてそうか。それだけでいいのか。「障害の受容」とは、障害者だけの問題か。「障害の受容」もまた障害のない人に、つまり健常者もそれを受容することではなかろうか。障害ないしは障害者を丸ごと受け入れること、それが健常者の、健常者社会の「障害の受容」でもある。そのような共生する社会をつくる責任がある。

障害者基本法第一条（目的）には「相互に人格と個性を尊重しあいながら共生する社会を実現するため」とある。すなわち、「共生する社会」とはまさしく健常者の、健常者による、健常者のための「人間証明」そのものなのである。

「合成の誤謬」っておもしろい！

「合成の誤謬」というのは近代経済学の概念である。その意味を簡単に説明すると、一つひとつの行動はそれなりに正しいけれど、それが総合的に集積されて全体になると、結果はそれと異なり真逆となる。その点では弁証法よりわかりやすい。その概念をさらにもう少し幅広く援用すると、一層おもしろい社会現象が見えてくる。

たとえば、国は少子化問題に力を入れて取り組もうとしている。しかし一方、国が、非正規労働者を現在四割にまで増やしてしまう雇用政策をとっている。失業率が下がり求人が増えたと国は豪語しているが、その内容を見る限り、正規労働者が減って非正規労働者がその分増えている。日本はフランスと違って婚姻を前提に子を産む国民性がある。結婚適齢期の男性の結婚事情をみると、非正規労働者は正規労働者に比べ半分しか結婚ができていない。グローバル経済の下で非正規労働者が増えれば増えるほど、一企業としては経営負担を軽減するため非正規労働者を雇用するという正しいかつ合理的な行動をとればとるほど、結局少子化が進むという結果に陥る。一方で少子化対策を進めながらも、その一方で国は非正規労働者増の政策をとっている。おもしろい!

また特に地方都市においては、女性が結婚ないしは妊娠すると退職（事実上の解雇）するという不文律の慣行がいまだにある。あるいは、育児休業手当の補償率についても男女の間に差はなく一律なので、給与が低い女性（母親）が休業を取得する傾向にある。男性の育児休業の取得率を上げるといっても現実の行動はそのようにはならない。少なくとも夫婦の給与の合算に対しての補償率を勘案するなどの施策がとられない限り、男女の給与の格差をそのままにして男性の育児休業の取得をあげようとしてもそれは家計的に無理があることはいうまでもない。一方で不利にならないような行動をとらせながら、他方で男性の育児休業取得率アップというのはまさしく真逆の政策矛盾そのものであるといえるであろう。

日本は国会議員が多いというが、アメリカなどの連邦国家を除けば人口比でむしろヨーロッパ諸国より少ない。確かに自治体の多さが議員総数を押し上げているが、国会議員の定数を減らせというヒステリックな声に乗ってしまうと、選挙に強い二世、三世議員がますますふえることになり、国民・市民自らの民主主義政治を否定することにつながってしまう。「合成の誤謬」というのは天に唾を吐く意もあるのだろうか。

「情けは人の為ならず」は人にかけた情けが回りまわって自分に戻ってくるという意味なのだが、情けをなまじっかかけるとその人のためにはならないと曲解している人がいるという。そこで本来の意味から、「差別は人のためならず」。被差別者や異民族に対して忌避・差別すると、結局、良識派や人権派からもまた、そして国際的にもその地位を自ら下げる結果となる。

「合成の誤謬」に陥らない者だけが賢者になりうるのである。

日本史のウソとホント

私が小中学校時代に教科書から学んだ日本史、というのも、高校の時には大学入試に日本史を選択する者は誰もおらず、授業はほとんど自習にあてられた。私の日本史の知識はその程度。しかしこれから書く日本史についてはそんな学校時代の史実とは違って、最近とみに進んだ新しい研究、なにが事実であったかの日本史物語りを書くこととする。

私たちは教科書で、近世の江戸時代が「士農工商」という身分制度と習った。ところが、それは、明治維新政府が国民の平等を流布するためにでっちあげたものであって、士農工商のそれぞれの職業身分はあったにしても、武士以外は上下の身分関係はなかった。一万円札の聖徳太子はにせもので、あの図柄は平安時代のもの、聖徳太子はいなかったという研究すらもある。

種子島に火縄銃を伝えたのはポルトガル人と教わったが、事実は当時、時には海賊も行った「倭寇」が伝えたもので、その船にたまたまポルトガル人が乗っていたにすぎない。むしろ、西洋よりアジアの火縄銃の方が改良されて優れものであった。さらに驚くのは、鍛冶屋がその火縄銃を分解して、それでまた火縄銃を作ったという、つまり、世界で初めて鍛冶屋の手による分業生産が行われたのである。これでは古典派経済学者もマルクスもびっくり、学説を変えなければならない。しかも、分業・協業生産によって、日本は三〇万丁を保有していたともいわれ、西洋よりその数は多かったという。

ホトトギス「鳴かずんば殺す」の信長、「鳴かせてみせよう」の秀吉、「鳴くまで待とう」

の家康。短気、努力、気長の性格。ところが実際は、信長は人間としての「共感性」の欠如、秀吉は同じ家臣に矢継ぎ早に手紙をだすしつこい性格、家康は関ヶ原の合戦で東軍に寝返らせた小早川軍に催促の鉄砲玉を打ち込む短気の性格であった。

さて、この話は深刻だが、一月に研究所のキム・ジョンヨルが名古屋にやってきて、わっぱの会のみんなと夜に酒を飲みながら交流した。ジョンヨルに、秀吉の朝鮮侵略のことを話しかけたが、通訳者はそれにふれること自体無理と訳さなかった。たしかに、その場にはふさわしくない話題であった。

信長の後に秀吉に仕えた千利休。茶室で二人きりの話は政治やいくさのことにも及ぶ。利休は朝鮮侵略には真っ向から反対した。秀吉にとっては利休といえども一人の茶人。その利休が政治・軍事に異をはさむことは許せない。秀吉は、利休に切腹を命じる。切腹は武士のみ。茶人に切腹を命じたのである。

だが、利休は助命を願うでもなく、逃げるでもなく、その命に従って、沈黙のまま、小舟の上で切腹した。私は利休になれるだろうか？

この事件を、政治と芸術の衝突という見方もあるが、そうであるが、それ以上でもある。

日本人として、そして韓国人と共に歴史の知られざる事実を共有することも、オール・オワ・ナッシングではない連帯の道もあるのではなかろうか。もう一つの歴史、それが利休の沈黙である。

現象から原因をさぐろう！

結果には必ず原因がある。そして、その原因もまた結果の所産である。結果と原因、原因と結果は、必然と偶然、また人為的と自然が織りなす連鎖の産物でもある。だから、私たちは常に目の前に現れる現象から原因を見出さなければならない。そのために、そのことゆえに、たとえば左の文章は、ブッシュ、小泉、安倍、それは一連のテロの原因と結果、その本質をあきらかにしようとするものである。

これから書くことに誤解のないように書き添えておけば、決してテロを擁護するものではないということ、イスラム教を短絡的に批判するというものでもないこと、それはイスラム教自身の千年以上におよぶ原理主義と世俗主義の抗争の歴史、そして西洋の近代化との軋轢といったものが解決しがたいほどに横たわっているということである。

さて、前置きはこれくらいにして本題に入ろう。それはアルカイダやＩＳ（イスラム国）のテロに関することである。

日本は先進諸国のなかで唯一中東に直接手を汚してこなかった。だから、中東諸国は親日的であった。少なくとも小泉政権以前までは。ところで最も卑劣なのは、二十世紀初頭の第一次世界大戦をめぐるその後のイギリスの政治的ビヘイビアである。中東に対して機会的に国境線を引いたり、イスラエルとパレスチナの紛争の原因をつくったことも、そこから始まる。

日本は、日本人はいつから中東の、ＩＳのテロの対象になったのか。安倍首相が昨年、カイロで人道支援にかかわる演説を行った際、「イスラム国と戦う国を支援する」と言ってしまってからである。敵の味方は敵。この三段論法はＩＳに対する間接的な宣戦布告であると受け止められた。この時から、ＩＳは日本人を直接テロの対象にしたのである。

ニュースによれば、ダッカテロ事件で犠牲者になった方が「ジャパニーズ」と言ったという。以前なら、つまり安倍首相の演説以前なら、少なくとも日本人は解放された。だから、あえて「ジャパニーズ」と言ったに違いない。ダッカテロの日本人は安倍の犠牲になった。

ブッシュのイラク戦争に小泉首相はいち早く支持を表明した。そして、オン・ザ・ブーツと言ってイラクにＰＫＯ自衛隊を派遣した。先日、イギリスはイラク戦争の検証報告を発表した。

そもそもブッシュのあのイラク戦争は、つまりアフガンに留まらなかったのは、イラク・フセインが湾岸戦争で敗北し、国連の管理下にあった時、ユーロがスタートしたことを受けて、フセインはオイル・ダラーではなく決済をユーロで行うと表明したことに始まる。そうなると、カダフィ・リビアをはじめ次々とユーロ決済に向かう。もはや、基軸通貨であるドルは崩壊し、アメリカは一挙に衰退する。だからブッシュはフセインを殺さなければならなかった。

フセイン・バース党の軍の残党がＩＳをつくった。イラク軍の武器を携えて。それがＩＳのテロ戦争である。

原因は誰、なに？

第９章　主体探しの旅

我が共同連宣言

我々はわれわれである。時代と歴史の中から、オルタナティブなオリジナルの「地域で共に生き、共に働く」、したがってそれも「地域で共に育ち、共に学ぶ」理念と実践、それを、われわれは創造してきた。それが共同連の「きらない！　わけない！　ともにはたらく！」である。

六〇年代後半から七〇年代に、だがそれももはや当時の歴史の中に消えようとしていたが、今はそれを歴史の置きみやげにすることを許さず、むしろそれは未来志向の新たな社会経済の理論と実践に基礎づけられた「価値」としてよみがえった。時代は後からついてくる。

自立生活とは何か。それを厳密に定義づければ、アメリカ型の個人主義に彩られた「自立」の概念であって、自己責任論の所産に他ならない。失業までも自己責任とみる傾向にあるアメリカの自助・自立の思想は、八〇年代になってわが国に紹介されて、それは個人のインディペンデント（自立）として受け入れられた。その自立思想は、収容施設と家族の庇護から自らを解放し、自己決定に基づく自立生活を可能にした。障害者の個人的インディペンデントに大きな影響を与え、行政をも動かしたのである。しかしそこにも制約的な限界が内在し、支援する側とされる側の立場の制度的関係を固定させてしまうか、もしくは、信頼関係を前提にしながらも介助者をあたかも「サーバント」のような対応関係に陥ってしまうか、あるいは個人的自立を唯一の目的にすることにより観念論的な実存主義に入り込んでしまうかの不確実性を招来させることにもなりかねない。今でもわれわれの脳裏に鮮明に残っているのは、故門脇代表が、「自立生活って、毎日なにやってんねん」と言ったことばである。自立よりも「地域で共に生きる」である。

一方、福祉的就労を容認する陣営との決定的な違いは、七〇年代に本格的に始まった小規模作業所運動にみられる。

「わっぱの会」をルーツとした共同連は、障害ある人ない人が共に働く「共働事業所」を標榜してきた。その働き方の関係は徹頭徹尾、対等平等の水平的人間関係に根ざし、お互いに同僚として「労働者」として働きあい、その収益は対等平等に分配する共同連流「分配金制度」である。それが原則。

ところがこれに対し、小規模作業所運動を進めてきた陣営は既存の福祉制度の関係を是認し、健常者である職員が障害者を訓練することになんら疑いもはさまない。指導員と訓練生の関係は「工賃」として表れる。共同連はその関係を「差別」と弾劾！　反能力主義の旗を高く掲げて闘ってきた。

しかし昨今、その小規模作業所の陣営は、工賃に代わる「賃金補填制度」をヨーロッパから直輸入することに力を入れている。これに対する批判的な見解は、共同連編『日本発共生・共働の社会的企業』（二〇五ページ）を参照されたい。

共同連はすでに、障害者のみならず社会的に排除された人と共に働く社会的事業所、労働を通じたソーシャルインクルージョンの政策を全面的に打ち出している。

一年と半年をふり返って

昨年四月に発足した「生活困窮者自立支援室」と社保審の特別部会の設置目的に、多様な就労の一つとして「社会的企業」が意外にも記載されていた。しかも、韓国の社会的企業育成法のそれであって、簡潔にその内容が示されていた。

第二九回共同連東京大会のプレイベントとして五月に開かれたセミナーで、講師に招いたSRセンターのイ・ドンナムさんの講演に際し、山崎社会・援護局長の事務方への指示により、会場近くに住む矢田地域福祉課長も参加していた。あくる日の山崎局長への表敬訪問も、事務方二〇人を超える出席のもとで、二時間にわたる勉強会として行われた。局長の並々ならぬ意気込みが伝わってきた。もとより、局長は韓国の社会的企業の育成法に強い関心を持たれていた。

ところが、六月の「中間まとめ」（特別部会ではなく異例の政府案として）では、社会的企業に代わって「中間的就労」という曖昧な文言が現れた。この頃から、私たちは、「中間的就労」という定義不十分な概念に悩まされるとともに振り回されることとなった。まさに「宙ぶらりん就労」である。

七月に入って、局長宛の「要望書」を直に手渡し、その際の確認では、山崎局長も、すべての者が必ずしも一般就労につながるわけではない旨の見解を示した。私たちが多様な働き方としての社会的企業（社会的事業所）の必要性を強く申し入れると、局長は、それを担う市民がはたしてどれだけ継続的にでてくるかの懸念も同時に示した。

韓国ではなぜ、社会的企業育成法を制定しなければならなかったかである。一九九七年の通貨危機以降のＩＭＦ体制下で大量の失業者が生み出された。貧困者、高齢者、障害者等を対象にしたそれまでの生活保護法が、二〇〇一年に「国民基礎生活保障法」に大改正され、失業受給者に職業訓練を要件づけた。しかしそれは従来の公共職業訓練とは異なり、自活訓練、自活共同体としていわば地域密着型の小規模のキムチや豆腐作り、リサイクルや清掃事業などの訓練であった。しかしそれでもなお一般就労には結びつかないため、彼らをして福祉部から労働部への受け皿として二〇〇七年に「社会的企業育成法」を現実的対応として制定されるに至ったのである。

九月に入ると、日韓セミナーなどでの席で、熊木支援室長は「認定事業所」を口にした。それは社会的事業所制度と一部重なり、私は若干舞い上がってしまった。そして、モデル事業の「ガイドライン」→一般就労、社会的企業型、一般事業所型を一応示した。しかし実際は就労に関し「国は市民のふんどしで相撲をとる」に舵をきった。政府内外で「宙ぶらりん就労」の大合唱。

「社会的事業所促進法」という単独立法をめざす側としては、自立支援法施行後五年で就労政策が行き詰ることを見通している。新たな思いで再出発。

堀 五、六

●賢人には語録があるが、私には五、六しかない。
●「神は死んだ」とニーチェは言った。私は、二十世紀後半は「哲学は死んだ」と言ってきた。しかし二一世紀は哲学の復権が……。
●自分を救えない者は他人も救えない。他人を救えない者は自分をも救えない。
●問い続けるは社会。問い続けられるのはおのれ自身。
●情けは人の為ならず。差別も人の為ならず。
●最後の弱者を無くすには最初の強者を無くすこと。
●共生は差異と多様性の芸術作品。
●絶対的幸福はない。幸福は不幸の経験則。絶対的不幸もない。不幸も幸福の経験則。だから、幸福は他人の不幸と同時進行。
●絶対の正義は悪行もなす。
●理論は共感関係の武装の道具。
●極論は敵を利する。
●限界は無限を知ることであり、無限は限界そのものである。

●宇宙の果ても世界の果ても足元にある。
●リアリズムのない理想は空想論に陥る。
●未来に歴史を創る者は、過去の真実の歴史を学んだ者に限られる。
●日米欧の大寒波は北極の温暖化が原因。よりをもどした紐の端にはこぶができる。
●独裁者になる者は猜疑心の奴隷にもなる。
●愛国心を無くすには世界を一国にすることである。
●資本主義のグロテスクは労働力を商品化しただけでなく、貨幣をも商品化した。
●グローバル経済は南極の皇帝ペンギンを労働者にするまで行きつく。
●秩序を無政府常態にするのではなく、「無政府常態」をそのまま秩序にする。
●出自を否定する能力主義（実力主義）は肯定するが、能力格差を人間の価値論に根ざした能力主義は否定する。
●共生・共働の理念の身体化。自己変革なしには社会変革は望めない。
●ポスト資本主義とは、交換の価値とその媒体が一体何であるかを新たに想像・発見することである。
●世界の旅はインドから始まってインドに終わると言われるが、人間の解放も、障害者から始まって障害者に終わる。

我が「行動綱領」

青い芝の会の「行動綱領」は、私にとってのバイブルである。しかし今、二一世紀を生きる私にとって、そして共同連の理念と実践に照らして、私はここに、未来志向のもとでその復権としての新たなバイブルを起草する。

行動綱領

一、われらは、共生・共働の世界を実現する。
一、われらは、縦型の格差を否定し、横型の個性的・選択的生き方を肯定する。
一、われらは、シンプルな生活とシンプルな人間関係を求める。
一、われらは、自然人がそうであったように、抑圧社会の差別文明を解消する。
一、われらは、すべての人が希求するものを、われらが希求するものに一致させるべく努力する。
一、われらは、われらの自立主義を確立するためには安易な国主義・依存主義はとらない。
一、われらは、われらよりもっと困難な状態におかれている者が現に存在することを直視し、同胞として彼らと連帯する。
一、われらは、われらを信じ得るわれら自身になることを宣言する。
一、われらは、とどまることなくわれらの解決を求め続ける。

（参考）全国青い芝の会総連合会行動綱領（一九七五年）

われらは、自ら脳性マヒ者であることを自覚する。
われらは強烈な自己主張を行なう。
われらは愛と正義を否定する。
われらは健全者文明を否定する。
われらは問題解決の路を選ばない。

「支援」から「共に」へ

「れざみ」一五〇号の巻頭言に「ユマニチュードの哲学と技法」という一文を寄せた。これは、その哲学と技法を日本に紹介した『ユマニチュード入門』（医学書院）を参考にしたもので、その哲学を認知症の高齢者のケアに限定することなく、いわば共同連的な理念と実践に即して読み換えたものである。その核心が、「支援」から「共に」への哲学である。

この立場は、障害者を政策の対象として限定的に「支援」する今日的な施策ではなく、「共に」の哲学に収斂させた意想と方法に他ならないものと言える。なかでも重要なのは、「その中心にあるのは『その人』ではありません。ましてやその人の『病気』ではありません。中心にあるのは私とその人との『絆』です。」である。それを支える理念としては、一九四〇年代にアフリカのフランス植民地領に住む黒人が、自らの「黒人らしさ」を取り戻そうとした活動、そして一九八〇年に「人間らしく在る状況」とし、その後一九九五年には「その人の人間らしさを尊重し続ける状況」としたのである。

そしてそれを支える根底には、「ケアを行う人々がケアの対象者に『あなたのことを私は大切に思っています』というメッセージを常に発信する――、つまりその人の『人間らしさ』を尊重し続ける状況こそがユマニチュードの状態に在る」としている。これがその哲学である。そこからつまり、「ケアする人は環境の一部」「ケアをしている私とはどんな存在なのか？　そしてケアを受けているこの人はどんな存在なのか？　と問いかけることから、その関係づくりを始めます。」となる。「ユマニチュードを支えるもう一つの根源的な問い――『人間とは何か』」であり、「ユマニチュードは自分も他者も『人間という種に属する存在である』という特性を互いに認識し合うための一連のケアの哲学と技法です。」

というものである。

私たちは、この哲学を、認知症の高齢者のケアに限定する必要はないであろう。福祉社会から共生社会へ、さらには世界観と社会観、人間観に、つまり共同連的な理念と実践にそれをひきつけることであろう。だから、福祉制度を使っても「福祉」を否定する。支援制度であっても、「支援」を否定する。それが七〇年代からの私たちの基本理念と実践のレゾンデートルである。

要するに、「支援する、される」関係ではなく「共に」の関係である。

人権を尊重しながらも、主体と主体が個人主義的に対象化、対立化し合う関係ではなく、むしろ主体と主体を共有しあう関係としての世界観、社会観、人間観を創造していくことであろう。もちろんそこには依存や従属関係は存在しない。仮にそのようなことが発生するとしたら、それは個人主義に起因するのではなく、むしろ利害と対立を生みだす経済的、社会的、制度的構造に問題があるということであろう。

いつの世も、プライベートのレベルではいざこざは絶えない。

とである。

共同連と「生活困窮者自立支援法」の関係の二側面

共同連と「自立支援法」との関係においては、二側面あり、通時的時間軸と共時的現在とである。

通時的関係は、障害ある人ない人が共に働く「共働事業所」、その後、イタリアの社会的協同組合B、韓国の社会的企業育成法に学び、障害者以外の社会的に排除された人（生活困窮者）を含めた「社会的事業所」に発展させてきたことである。

一方、共時的関係は図にあるように、「自立支援法」と障害者総合支援法との関係である。制度のスキームとしては明らかに分離しているが、しかしその実態は二つの輪が重なる部分、つまり、申請後に障害者手帳を取得する者と、取得はできないが限りなく「障害者」に近いボーダーの人の存在、対象者である。たしかに、リーマンショック後の派遣村、あるいは路上生活者（ホームレス）の調査の中に、知的、精神的障害者も多く存在していた。したがって、「社会的事業所促進法」の制定を求める共同連としては、「生活困窮者自立支援法」に関わっていくのは必然である。そこで、一歩後退と批判されるかもしれないが、施行三年後の見直しに向けて、図の「政策提案」にあるように、生活保障を伴う「自活企業」を限定的ではあるが新設すべきものと考える。

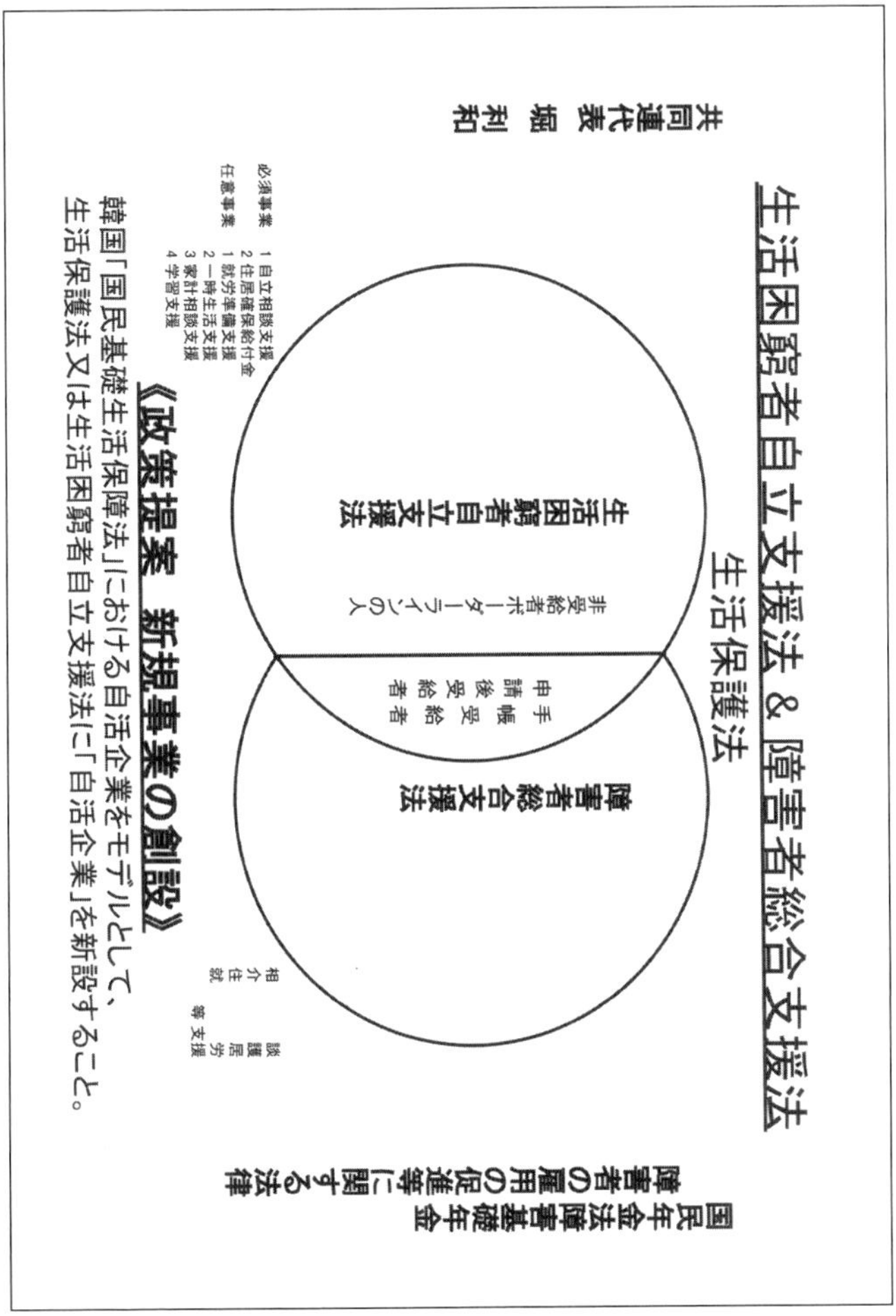
生活困窮者自立支援法 & 障害者総合支援法
生活保護法
共同連代表　堀　利和
生活困窮者自立支援法
非受給者ボーダーラインの人
手帳受給者
申請後受給者
障害者総合支援法
国民年金法障害基礎年金
障害者の雇用の促進等に関する法律
必須事業　1 自立相談支援
2 住居確保給付金
任意事業　1 就労準備支援
2 一時生活支援
3 家計相談支援
4 学習支援
相談
介護
住居
就労
等支援
《政策提案　新規事業の創設》
韓国「国民基礎生活保障法」における自活企業をモデルとして、
生活保護法又は生活困窮者自立支援法に「自活企業」を新設すること。

表記「障害者」の思想的意味

本号から私のコラムが連載されることになった。編集者に感謝し、読者の皆さまには私の雑文にしばらくおつきあい願いたい。コラム名は「ザ・障害者」とした。その執筆のモチーフは、一般的にかつ常識的に広く流布されている障害者観あるいは障害者問題、それぞれを根本からひっくり返して新たな地平に立って考えることをねらいとしている。

「障害者」という漢字表記が初めてわが国で使われたのは、大正時代の工場法においてであった。それ以前の歴史においては、また、今日に至るまでの呼称は、さまざまに表記されている。古くは『古事記』においてたとえば視覚障害者を「盲《めしい》」といい、律令制度では手足を失った者や両眼を失明したものを「篤疾《とくしつ》」とよんだ。

視覚障害者だけでも歴史的には、瞽《こしゃ》、座当、盲《めくら》、按摩、盲人といった具合に、時代毎に変遷してきた。また障害者を不具、廃疾者、片端《かたわ》、そしてつんぼ、聾唖者、聴覚・言語障害者、白痴、馬鹿、精神薄弱者、知恵遅れ、知的障害者、江戸時代には乱心、気違い、精神病、精神疾患、精神障害者……。

障害者を障碍者、障がい者、そして国立市では最近「しょうがいしゃ」と全てひらがなで公文書に記載するとのことである。

だが、私は、コラム名にあるように「障害者」と書く。それが私のポリシーである。確かに、それをひらがなで書くなり、障碍者と書くことは新たな問題提起となろう。けっしてそれを否定するものではない。世間で常識と思われている「障害者」をひらがななどで表記することは、大衆に対して「なぜ」という疑問を投げかけることになるからであり、その意味でも一定の効果とインパクトが期待される。

また七〇年代は、告発糾弾闘争を中心に行っていた全国青い芝の会総連合会では、健常者を「健全者」と言っていた。ちなみに、国の法律には「障害者」はあっても「健常者」「健全者」はない。

それでは、表記「障害者」について簡潔に論じると、六〇年代から七〇年代にかけての政治社会運動の中で、障害者はまさに資本主義体制によって障害者に仕立て上げられ、それは「体制論」として認識された。したがって、その立場に立つ私たちは、障害者に「障害者」「障害」者といった具合にカッコをつけ、いわゆる「障害者」と表現したのだった。しかしそれも、ガリ版刷りではいちいちカッコに入れるのも煩わしく、次第にカッコは消えていった。

だが、その本質は今でも変わっていない。社会（資本主義社会）が「人」を障害化するのであり、「害」をアプリオリに持った人ではなくそれを持たされた人であり、その原因は社会にあり、またこの場合の「人」とはすべての人のことであってなにも障害者に限ったものではない。なぜなら、すべての人が同じ空間、同じ時間の中に存在し、差別構造はすべての人に通底する障害差別、まさに「差別構造」そのものだからである。

しかしながら、社会が「人」を障害化するといっても、機械的唯物論に陥っているわけでも決定論に立っているわけでもない。「人」を障害化する社会を対象に、その当該社会を変革するのである。主体性論の立場に立っている。だから、あえて私は「障害者」を引き受けているのである。

社会が変われば「障害」も変わる。障害者問題は健常者問題。世界の旅はインドから始まってインドに終わるというが、人間の解放も、障害者から始まって障害者に終わる。

絶対否定から絶対肯定へ

障害者とは一体いかなる存在なのかということを当事者の側から主体的かつ根源的に問いかけたのが、六〇年代後半から七〇年代の、特に神奈川県青い芝の会の重度脳性マヒ者の人たちだった。そのリーダーは横塚晃一と横田弘の両氏である。その思想と運動は、全国の障害者や共に闘う健常者にも大きな影響を与えた。

それを一言で表現すれば、「障害者はあってはならない存在」、社会から絶対的に否定された存在、その負の存在を高次元で「否定の否定」の弁証法によって実存の中に引き寄せ、その上で、それを絶対肯定へと転換するものであった。それは精神的冒険とも言ってよく、だから運動スタイルも告発糾弾闘争となる。「われらは問題解決の路を選ばない」ということになるのである。

障害児の我が子を殺した母親の減刑嘆願の住民運動に対して、なぜ障害児は殺されてもやむをえないのか、「母よ！　殺すな」と言ってその運動に反対した。車イス乗車を拒否した川崎市営バスに対して、駅前で二八時間三二台のバスを占拠し、いわゆるバスジャックの抗議行動を行った。そして、障害者である自らの存在を否定し蔑むことにつながる「健全者幻想」の解体を訴え、障害者であることのどうにもしがたい絶望的な存在を直視し、それを実存主義的に絶対肯定へと転換した。

ここに、私にとってバイブルともいえる一九七五年の全国青い芝の会総連合会の「行動綱領」を紹介する。ちなみに「健全者」という文言をそれぞれ、「健全者の愛」、「健全者の問題」と接頭語を付けて読みかえてみると、そのことの意想がより鮮明に理解できる。

さらにそれを、私なりに今日的に再規定したものが「21世紀の行動綱領」である。

行動綱領

われらは、自ら脳性マヒ者であることを自覚する。

われらは強烈な自己主張を行う。

われらは愛と正義を否定する。

われらは健全者文明を否定する。

われらは問題解決の路を選ばない。

21世紀の行動綱領

われらは、共生・共働の世界を実現する。

われらは、縦型の格差を否定し、横型の個性的・選択的生き方を肯定する。

われらは、シンプルな生活とシンプルな人間関係を求める。

われらは、自然人がそうであったように、抑圧社会の差別文明を解消する。

われらは、すべての人が希求するものを、われらが希求するものに一致させるべく努力する。

われらは、われらの自立主義を確立するためには安易な国主義・依存主義はとらない。

われらは、われらよりもっと困難な状態におかれている者が現に存在することを直視し、同胞として彼らと連帯する。
われらは、われらを信じ得るわれら自身になることを宣言する。
われらは、とどまることなくわれらの問題解決を求め続ける。

障害者にも「働き方改革」が必要だ！

雇用促進法の一般就労と支援法の福祉的就労の歴史的位相を検証してみると、なるほど就労形態の今日的多様性、しかしそこにはみごとに能力主義に彩られた輪切りの実態が貫徹されていることに今さら驚く。これほどまでにきめ細やかな「多様」な制度は他国にはみられないであろう。その点について、先ず歴史をふり返ることにする。

一九六〇年に身体障害者雇用促進法が制定され、それに先立ち戦後まもなく結核患者回復者のためにコロニー授産事業所が設けられ、障害者福祉の分野でもその後授産事業が進められた。七〇年代に入ると、雇用促進法は義務化され、一方、小規模作業所が自治体の助成により「生きる場」対策として増えていった。

八〇年代には身体障害者雇用促進法から障害者雇用促進法へと改正され、その制度の中に特例子会社が設けられた。また、福祉制度の予算措置として福祉工場も誕生した。

二〇〇六年以降の自立支援法では、就労移行支援事業、就労継続支援事業A（雇用型）、B（非雇用型）、地域活動支援センターII型（就労系）、あるいは、生活・就業支援事業および就労支援など多岐にわたって施策が展開されている。

それらの諸施策を肯定的に評価すれば、障害者一人ひとりの職業能力とニーズに応じて働く「場」が用意され、「多様」な形態の働き方が進められてきたといえる。それは、自立支援法がもつ政策目的の一つが、福祉から雇用へであるからである。政策全版を見渡せば、たしかに「多様」な働き方の機会が用意され、能力に応じてステップアップしていくかにみえる。だが、たとえば就労継続Bに通所する障害者が一般就労に移行するということはほとんど皆無に等しい。おそらく万年B型障害者であろう。職業能力に応じて、しかしそれは結果として分けて・分離して、なぜなら政策対象が「障害者」だけに限られた支援になっているためであるため、自ずから固定した「場」にならざるを得ず、本来のソーシャルインクルージョン、コミュニティインクルージョンにはなりえていない。たとえそれらが地域福祉と謳われようとも、私はそれを「地域の缶詰」という。家→送迎→通所施設（支援学校・放課後デイ）→送迎→家、毎日繰り返し。

ここで共同連が提唱・実践している社会的事業所について一言ふれれば、それらと明らかに異なり、障害者を含め社会的に排除された者（ひきこもり、依存症者、刑余者、シングルマザー、ホームレスの人など）を30％以上、そうでない人と共に働く、かつ対等平等にそれぞれ自分らしく働く反能力主義の事業所、しかも、政策対象が「事業所」なのである。

話を元に戻すと、直接雇用の民間企業、特例子会社、就労継続ＡとＢ、地域活動支援センターといったように、職業能力別に序列化され、固定化されている。だからこそ、障害者にも、社会的事業所を政策化した「働き方改革」が必要ではないだろうか。国家戦略特区に加計学園でなく、社会的事業所を！

一方、欧州では職業能力の判定が徹底しており、賃金補てん制度を含めた一般雇用か、もしくは福祉サービス制度に明確に区分されている。それだけに、社会的協同組合、社会的企業が政策化され、まさに医学モデルとしての障害者ではなく労働市場から排除された社会モデルとしての者、それらの者を30％以上含む社会的協同組合、社会的企業が存在しているのである。

さらに東アジアに目を転じれば、韓国ではすでに法定化された社会的企業、台北市の庇護工場・社会的企業、フィリピンの労働協同組合などもある。しかも、いずれも雇用促進法があっての上である。職業能力別に序列化、固定化された働く「場」を克服するためには、障害者にも「働き方改革」が必要ではないのか！

岡山地裁が「合理的配慮」に対する画期的な、しかし当然の判決！

三月二八日に、岡山地裁倉敷支部が「配置転換無効」の判決を出した。

二〇一三年に改正された障害者雇用促進法第三六条では、「差別の禁止」と「合理的配慮」が義務付けられ、昨年四月一日より障害者差別解消法とともに施行された。ちなみに、「差別の禁止（解消）」と「合理的配慮」に関して雇用分野は促進法、その他の分野は解消法というように住み分けされている。いずれにせよ、雇用促進法の「合理的配慮」の提供が施行されてから初めての裁判判決となった。

幼児教育学科をおく岡山短大に九五年に採用された山口雪子現准教授は、網膜色素変性症で当時文字は読めたが、一〇年前から視力が低下して今は明暗が判る程度である。短大側は、視覚補助を行う職員の確保ができないことを理由に退職を勧めた。山口准教授は、私費で墨訳作業をする補佐員を一人雇う許可を得て、授業をし「指導の質に支障はなかった」と主張した。だが、短大側は、ゼミの授業中に飲食していた学生に気づかなかったことや、無断で教室を出る学生を見つけられなかったことなどを理由に、視覚障害を理由として授業や卒業研究の担当からはずし、研究室からの退去を命じた。学科実務のみの事務職への配置転換を命じたのである。

これに対し山口准教授は、昨年三月に「地位確認と事務職への職務変更の撤回」を求めて、岡山地裁倉敷支部に提訴した。原田博史学長は、「大学としてはこれまで思案を重ね、(山口准教授を)支えてきた。視覚障害を理由に差別はしておらず、提訴は驚いている。我々は教育の質を担保すると約束している学生の立場に立っている」と説明し、短大側は「授業をするには視覚が決定的に重要な役割を果たすと主張」「視覚補助者によって解消することは不可能」と反論した。

判決は、「山口准教授の授業における学生の問題行動について、短大側が防止策を議論・検討した形跡が見当たらない」と指摘。「望ましい視覚補助の在り方を検討、模索することこそが障害者に対する合理的配慮の観点から望ましい」とした。

さらに判決は、視覚障害を理由にした事務職への配置転換は無効として、その取り消しを求めた仮処分で、配置転換の効力を停止する決定をした。決定は、授業をするために准教授を補佐する職員を雇用することは過重な負担とする岡山短大側の主張に対し、「障害者雇用促進法が予定する『合理的配慮』を著しく超過しているとは言えず、職務変更命令に必要性があるとは認められない」と指摘した。ちなみに現在、二六人の視覚障害者が大学で教えている。

法律では合理的配慮については事業者と障害者である労働者との間で話し合うことに

なっているが、大抵は労働者の方が弱い立場にある。泣き寝入りか、退職に追い込まれる、あるいは本音が言えない。しかも、配慮に対して「過重な負担を課さない」ということを、一体誰が、客観的に判断するのか。

今回の判決が当然であるとともに画期的なのは、最終的には司法の判断に頼るしかないであろうから、その意味でもこの判決は私たちを勇気づける。

ところが短大側は四月三日、配転命令は無効などとした岡山地裁判決を不服として、広島高裁岡山支部に控訴した。新しい「社会的包摂」の論理が広がるのか、古い差別観が認められるのかの時代の裂け目がここにある。

行政は後からついてくる

本文章は、九月二～三日に行われた共同連全国大会IN滋賀での私の挨拶を改めてまとめたものである。「行政は後からついてくる」とは、政策決定が行政当局にあるにしても、すでにその萌芽と下地はむしろ障害当事者・関係者から始まっている。障害者ファースト、当事者ファーストなのである。

たとえば就労継続A型、B型の事業も今では当たり前の小売業、リサイクルショップ、カフェ、食堂、自然食品の店などがあるが、その前進である小規模作業所が自治体の助成を受けて拡大・発展する過程で、八〇年代初頭にお店の作業所を始めたところ、作業所は製造業種であるからお店は認められないと行政から言われた。しかし交渉の末、認めさせた。

グループホームの制度化もそうである。制度化にあたっては確かにスウェーデンを参考にはしたが、すでにアパートを借りた手作りの「グループホーム」、わっぱの会でも「生活共同体」が試みられていた。

また、介護制度についても、七〇年代の「施設解体」、自立生活・地域で共に生きる生活保護受給者のアパート・一人暮らしから端を発している。もちろん当時は介助・介護制度が全くないから、大学の門前でボランティア募集のビラまきをした。

その後、「制度」を求めて東京北区、東京都、そして厚生省と交渉を重ね、ようやく「全身性介護人派遣事業」を勝ち取った。知事認可という限定的な個別「制度」であったため、当時、県に一人二人という現状でもあった。だが、これが介護制度のルーツであることも確かである。

八九年のゴールドプラン・新ゴールドプランではホームヘルパー一〇万人体制が打ち出された。二〇年に及ぶ長い議論を経て九三年ドイツで初めて介護保険制度が発足し、日本でも九四年から税か保険かの大論争が本格的に始まり、二〇〇〇年スタートの介護保険法の原案が九六年にまとめられた。これは権利性、普遍主義にたつ政策である。以上の事例から、行政は後からついてくると言いたいのである。

障害者ファースト、草の根ファースト、最近なんとかファーストと耳障りになっているが、そもそも「ファースト」とは、土佐の若い漁師が一人で漁に出て遭難。そこでたまたまアメリカの船に救済されアメリカに。土佐に帰ってきたそのジョン・万次郎に、坂本龍馬が「アメリカで一番偉いのは誰だ?」と聞く。大統領と答えると思ったら、万次郎は「ピープルファースト」、国民が第一、国民が偉いと答えたのである。安倍首相よりピープルファースト、行政官僚より当事者ファースト。

社会的事業所の制度化の壁は厚い。だからといって、国家戦略特区の岩盤規制に穴を開けたら、そこからお友達の加計さんがでてきたなんて。社会的事業所は、私たちだけの、共同連のためのそれではない。普遍主義に立っている。

行政は後からついてくる。共同連ファースト。社会的事業所の制度化を、WNJ（ワーコレ）、労協（ワーカーズコープ）、NPO法人抱樸（ホームレス支援ネット）と連帯して勝ちとろう。

地域とわたし

社会福祉の分野では、今や「地域」と「支援」のことばが花盛りとなっている。支援についていえば、高齢者支援、子育て支援、困窮者支援そして障害者支援、あるいは特別支援学校という具合である。たしかに以前のような「保護」の対象ということからすれば一歩前進であり、対象（主体）を支援するということでは評価もできよう。しかし、「支援」が対象を「主体」と認めているかどうかは本当のところ疑わしい。やはりそれは「客体」とみているのではなかろうか。

障害者権利条約と自立支援法（現、総合支援法）の論議の中で、厚労省は権利条約の解釈からは福祉法では障害者を権利「主体」とはみていない。それはあくまでも支援の「対象」でしかない。

さて、次に地域というキーワードについて考えてみたい。多少「私事」になってしまうのだが――。

静岡盲学校中学部を卒業後、東京に出てきて高等部は三年間寮生活をした。そして、卒業後は三畳一間の下宿生活から始まった。文京、目黒、板橋それぞれ二年。そして大田（二〇年三か所）、それから品川区では三〇年余り二か所となり、流転の民である。若き頃の私にとっての地域は、食堂と居酒屋、銭湯であった。

障害者解放運動にとっての「地域」は、コロニー政策に対する七〇年代初頭の「施設解体」、七九年の養護学校義務化阻止闘争である。自立生活、地域で共に生きる、共に働く、共に学ぶ、これは地域闘争であった。

そこから今日の状況と地域福祉を論じてみれば、見えてくるものは、地域をすでに奪われていた障害者と、地域を喪失した高齢者と、地域を踏み外したひきこもり・ニート・困窮者と、そして粗大ごみのぬれ落ち葉になった定年後のかつてのモーレツサラリーマンとで、今地域での新たな出会いが始まっているといえる。しかしその一方で、政治・行政の上からの地域づくり、医療・福祉の専門家集団の連携と、伝統的保守陣営の町内会や商店街等の支えあいと、NPOやボランティアの活用による地域政策である。

だが情けないことに私にとっての「地域」とは、商店街の何軒かの居酒屋、スナックでの出会いである。地域との向き合い方がそんな状態である私にとって、困った事態が起きた。災害弱者である私に対して、以前区役所から消防署への名前の登録をするかどうかのはがきがきて、私は承諾の返信をした。ところが、その後、今度は町内会に同様のおしらせをしてよいかの問い合わせがあった。私のプライバシーの情報が地元町内会に知られることとなる。公ではなく、見ず知らずの町内会の私人。たしかに最初に家に駆け付け、または避難所では近所の人は重要であるが……。

地域とは何か？　空間か、時間か、人か、意識か、それとも政策なのか。とても厄介な、しかも都市部においては。

ところで行政が縦割りなら、市民運動も縦割りである。課題ごとに、行政ごとにバラバラに分かれている。そこで昨年、私は、「品川市民活動交流会」を提案し、すでに二回行われて、六月には三回めの交流会が予定されている。これまでの交流会の発表は、視覚障害者、肢体不自由児の親、品川の障害者福祉を考える立場、グループホーム、こども食堂、地域でともに学ぶ、ひきこもりのサポート、在宅高齢者への美容師の出前、大崎再開発の高層住宅建設反対、羽田増便の低空飛行反対、リニアモーターカー反対、さよなら原発、九条総がかり行動などの人たちであった。

ただし、そこでの確認は、自分たちの考えや運動をお互い押し付けず、任意にかつそれに同意しなくてもよいという約束である。学びあいの場、ゆるやかな寛容の「市民交流」である。

わたしにとっての「地域」とは何か？　なのである。

「偏見」と「だから」の思想

「偏見」は人間的、でも非人間的

私が一九八九年に初めて参議院議員になった時に一番気にしたのは、私一人のふるまいから偏見が生まれてしまうのではないかということでした。特に、「議員」という看板を背負っていたからです。議員や国会職員の中には視覚障害者が身近にいる方もおられるかもしれませんが、しかし大半は視覚障害者と直接ふれあう機会も少ないと想定されます。

議員会館の議員専用食堂で、秘書と一緒に昼食をとっていた時のことです。テレビにもでる有名な議員が私のところをチラチラ見ている、と秘書から言われました。真意のほどはもちろんわかりませんが、その時の様子ではどうも目の見えない私がどうやってご飯を食べているのか、関心を持ったようです。秘書の一言で、私は緊張してご飯を食べました。その時から、この「世界」で常に見られている存在、エイリアンなのだと自覚しました。

そしてさらに厄介なのは、この空間で出会う人達の殆どが見ず知らずの人、つまりたとえ何度か会っても、すれ違うだけでは誰なのか認識できません。議員はもとより秘書、国会職員、霞が関の役人、陳情団等、不特定多数の人でにぎわう場所です。限られた人間関係の空間ではありません。そんな中、議員バッジをつけて白杖をついて歩くのはやはり目につきます。

慣れてくると、たとえばこんなふうになります。廊下で議員とすれ違う際、一般的には少なくとも目を合わせる、あるいは軽く会釈などをするのでしょうが、私は声をかけられなければわかりません。「おはようございます」と声をかけてくる議員、次は「堀さん、おはようございます」、そしてさらには「堀さん、おはようございます。○○です」となります。こんな具合ですから、「偏見」についていえばこうなります。私「一人」が視覚障害者「一般」となります。私をして、視覚障害者ということになります。

動物には偏見はありません。本能にしたがって行動します。動物も学習しますがそれを本能に転化します。だから偏見はありません。

ところが、厄介なのは人間です。人間は動物と違って、想像力をもっています。想像します、類推します、推察します。それが偏見を生むのです。一人の視覚障害者をみて、視覚障害者とは、視覚障害者「一般」を体系化します。三一万人の視覚障害者と出会わなくても——。

想像、類推、推察。人間は偏見をつくる動物です。その限りにおいては人間的です。白人とは、黒人とは、アメリカ人とは、中国人とは、という具合に、経験と想像の中から偏見を作りあげてしまいます。一三億人の中国人と出会わなくても。

それがいかに不合理で不当なものかわかりませんが、そうしてしまうのです。偏見をもつ動物だから、それが人間だから、私たちは偏見から逃れることができません。そのため、私たちは常にその偏見に気づき、点検し、反省しなければなりません。

「だから」の否定と肯定

偏見としての視覚障害者「だから」は、否定されなければなりません。もっとひどい言い方になれば、視覚障害者のくせに、女のくせに、となります。

視覚障害者「だから」、目が見えないから、あいつを社員旅行に連れていくのをやめよう、面倒をみるのが嫌だということになります。視覚障害者「だから」。しかし、敵もさるもの。かつてマッサージ師として病院に勤務していた先輩が、「目が見えないと大変でしょうから、無理して旅行に行かなくてもいいですよ」と、体よく断られてしまったそうです。

一九七五年、先輩が東京都特別区職員採用試験の点字受験を求めた際、特別区人事委員会は、盲人の採用予定がないので点字受験を実施することはできないとしてきました。これに対して私たちは、受験要綱には一般的な受験資格が書いてあっても、盲人には受験「資格」がないとはどこにも書いてないと迫りました。しかしながら、点字受験は実施されませんでした。

ところが、敵もさるもの。次の年の受験要綱には、「活字印刷物の出題に対応できる者」としてきました。敵もあっぱれ？　だが、これはそれまで潜在化していたものを顕在化したにすぎません。見えすぎた「だから」と、体の良い「だから」があります。

さて、もう一つの「だから」は、障害者差別解消法、あるいは障害者雇用促進法に関わるものです。すなわち、視覚障害者だから合理的配慮を行わなければならないということです。視覚障害を理由とする差別は許されません。

社会的障壁を除去するための合理的配慮を行わないことが差別にあたります。社会的障壁とは、事物、制度、慣行、観念その他一切のものをいう、ということになります。ただし、この「ただし」が曲者なのですが、配慮する側にとって「過重な負担を課さない時」となります。しかもそれが「過重」であるかどうかの判断は今のところ配慮する側に委ねられているといえます。それだけに、私たちの運動が必要となります。

「偏見」から「だから」の問題までを考えると、私たちの日常生活の周りにはそのようなことがたくさんあります。偏見を受けたり、あるいは私たちが偏見を持ったり、また、理由としての「だから」をいいようにも悪いようにも使ってしまっています。人のふり見てわが身を直せ、魁より始めよですかね。

（東京ヘレンケラー協会出版『点字ジャーナル』二〇一八年六月号）

障害者団体も万年与党と万年野党

欧米や東アジア等の地域では政権交代が当たり前のように起きているが、我が日本では戦後の政権のあり方を見る限り、一時期を除いては万年保守政党の政権が続いている。五五年体制崩壊後もまさに一時期を除いては自民党を中心に政権運営がなされている。それが他国とは違う日本固有の政治状況である。このことが障害者団体、障害者運動に何をもたらしているかである。

あわせて、日本の政治状況を見る時、その特質は霞が関の官僚制度にある。このことを踏まえながら、自民党が下野した細川政権を分析してみたい。それに続く自社さ政権についてもである。

自民党が下野した時、それまで自民党を長年支持してきた団体は細川政権にすり寄り、唯一不動産業界だけが自民党本部を訪れたという。この危機感は今でも自民党のDNAとなっているだろう。

次に、村山自社さ政権についてふれる。社会党の参議院議員であった私は、しかも比例区であった私は、首班指名で「村山」と書かず白票を投じた。糾弾的批判を受けた。だが私にとっては、たった一年あまりで自民党を政権復帰させることは断じて許せなかった。

もう少し下野させておけば自民党は必ず崩壊するとみたからである。しかし結果的に救済の手を差し伸べて、自民党はみごとに復権してしまった。

自社さ政権の時、私はキャリア官僚から意外な声を聞いた。自民党だけでなく社会党がいるからやりやすい、と。そして時を経て、予想を越えた熱い国民の支持を得て民主党政権は誕生した。だが、官僚批判の支持を受けて政権を奪取した民主党政権は事務次官会議も廃止し、官僚叩き・排除を行った。この時、官僚は様子をみていた、長期政権になるかどうかを。同時に、官僚叩きに対してはサボタージュを決め込んでいた。それは、細川政権から自社さ政権の過程で、自民党離れをみせた官僚は、その後自民党に目をつけられた。霞が関はそれを学習したのである。

こうして今なお続く自民党保守政権は、私たち障害者団体、障害者運動にとって政治ビヘイビアとして何をもたらしているか。障害者の大手全国団体はすべて自民党べったり。政策を実現するのも予算を獲得するのも、自民党様様である。障害者に理解のある日本会議の衛藤晟一参議院議員はまさにその象徴である。衛藤議員に、諸団体の要望書を手渡すのが誇らしい儀式となっている。（日本盲人会連合の顧問は衛藤晟一である。）

ああ、これが日本の現実！　万年与党団体と万年野党団体。あの時、自民党をぶっ壊しておけば、少なくとも民主・公明、福祉と平和のヨーロッパ型の社民政権ができていたかもしれない。

日本のこのような政治状況にひきかえ、アメリカや韓国では政権交代が起き、しかも中枢スタッフは三千人、四千人と入れ替わる。回転ドアという批判もあるが。いずれにしても、障害者団体も、民主か保守かを安心して選択できる。

九五年から共同連と交流を続けている韓国障碍友権益問題研究所が八〇年代の民主化闘争を闘ったメンバーで、保守政権の時には干されるが、民主政権の時には大臣や局長級を輩出している。

こうしたことは社会権力にまで影響する。たとえば日本の芸能界やスポーツ界などで自民党保守を支持していないと食いっぱぐれるが、アメリカなどでは堂々民主党を支持することができる。それが必ずしも社会的不利益にはつながらないからである。

障害者団体の万年与党、万年野党はいつ乗り超えられるのか。

第10章　もう一つのアジア障害者国際交流モンゴル大会

　私が代表を務める共同連は、一九八四年に結成された。その理念と実践は、障害ある人ない人が対等平等に自らの能力に応じて働き、純益は賃金ではなくそれぞれの生活実態にあわせて分配し、就労を通してみんなで経済自立を成し遂げるものである。これは「共働事業所」作りの草の根の運動である。

　その後、一九九一年にイタリアで制定された社会的協同組合法、そして二〇〇七年に制定された韓国の社会的企業育成法に学ぶ中、それまでの「共働事業所」から「社会的事業所」へ発展的に運動方針を変えた。

　社会的事業所とは、障害者だけでなく社会的に排除された人（難病者、ひきこもり・ニート、依存症者、刑余者、シングルマザーなど）を30%以上、そうでない人が共に働く事業所のことである。社会的協同組合、社会的企業ということになる。これは、社会連帯経済の分野に属するＷＩＳＥ（ワーク　インテグレーション　ソーシャルエンタープライズ）とも言われる。

共同連は九五年に、韓国障碍友権益問題研究所と交流を始め、その後フィリピン、中国（朝鮮民族自治区吉林省）、ベトナム、台湾と国際交流大会を開いてきた。今回はモンゴルで第五回の大会を、七月二五日と二六日に開催した。

開催までには多くの困難があった。昨年二月からの取り組みではあるが、政府、JICA、現地関係者団体の間でその調整は大変であった。もともと社会主義の国であったので、障害当事者や家族団体などの運動を育てておらず、国・官僚が力を持っていて、といってもその障害者政策は殆どないといってよいであろう。しかし、政府の言い分はNGOには国際大会を開くだけの力はないとして、それを育ててこなかったにも関わらずである。もとより、私たちは政府に対して金銭支援は全く求めておらず後援を要請しただけであったが、金は出さないが口は出すというそんな姿勢であった。大会開催には否定的であった。最終的には大統領の承認を得て、その後進められることとなった。

日本と比べてモンゴルの最も素晴らしいところは、局長はじめ課長など主だった役職は殆どが女性、交渉の中でも役人は女性といった具合である。世界のジェンダーではモンゴルは上位から七番目。日本は？ただ役人・官僚国家であることは間違いない。

ともかくそんな状況の中で無事大会は開催され、成功をおさめた。そこで、私にとってのもう一つのモンゴル大会を紹介したい。

　東京の板橋区に「視覚障害者国際援護協会」という社会福祉法人があって、この協会は、アジアやアフリカの盲人を盲学校に留学させる支援事業を行っている。ハリ・灸・マッサージ師の国家資格をとってそれを自国の盲人たちの職業自立に還元するというものである。自国の事情は厳しいが、貢献していることは確かである。

　四年ほど前、モンゴルから平塚盲学校に留学していたツェーナさんが帰国する際、ご主人のチンバットさん（全盲）が迎えに来られた。私に会いたいということなので、東京都障害者福祉会館で会った。というのも、チンバットさんは日本でいう県会議員選挙に出て、落選。この時、盲人・障害者が選挙に出るなど、政治に関わるなどと非難とバッシング、バカにされたという。障害者はまだまだ市民とはみなされていないそうである。

　どんな選挙運動をしたか尋ねたところ、障害者のことについては一切ふれず、たとえばカナダの外資系大企業の国有化などを訴えたという。障害者にとってはそんな政治社会状況であるようだ。

　この時、チンバットさんから、私が九五年に現代書館から出版した『生きざま政治のネットワーク～障害者の議会参加』をモンゴルで出版したい、ついては協力してほしいとの申し出があった。私は喜んで承諾した。

二年ほど前出版となり、先日の話しでは五千部を刷って、国会議員などには売り付け、その他は無料で差し上げたという。その影響もあってのことか、昨年当時の民主党政権の内閣の役人に就任した。これに対し、野党などからは非難と批判の声があがったそうである。今年に入って、大統領顧問となった。大会でも顧問として挨拶してもらったが、挨拶時間が長すぎた……。来年モンゴルで開かれるアジア太平洋障害者大会の責任者になっているとのことである。

出版した本の表紙には、チンバットさんと私のツーショット。チンバットさんは身長一九二センチ、私は一七七センチ。日本にも背の高い人がいるのかと尋ねられたという。遊牧民のお国柄であろうか、大事なお客には馬をお土産にもたせるという風習があるようで、私にもぜひプレゼントしたいとのことであったが、東京では馬は飼えないとお断りした。「馬刺しにして…」とつい口から出そうになったが、あまりのブラックユーモアなので止めた。

周りが少し変わってきたとチンバットさんは喜んでいたが、私もこんなふうに役立ったことをうれしく思う。

書　評

堀利和／著『アソシエーションの政治・経済学―人間学としての障害者問題と社会システム―』（二〇一六年、社会評論社刊）

評者・鈴木　岳

本著の裏表紙によれば、「アソシエーションの核心的課題としての障害者問題…安藤昌益、ウィリアム・モリス、宮澤賢治、アントニオ・グラムシ、カール・ポランニー、ウォーラーステイン、デヴィッド・ハーヴェイ、柄谷行人等の論考の検証をとおして、資本主義を超える社会システムとしてのアソシエーション・共同社会の可能性を探る。人間学としての障害者問題の考察を核心に、労働力商品化の廃絶をとおして、資本主義における「非人間的不等価交換」から高次の「人間的不等価交換」システムへと、科学的ユートピアとしての未来形に世界史の希望を託す。」とある(実は裏表紙に触れられていないが、後述するようにロバート・オーエンに関する記述もある。もちろんそこには、小学校就さらに、本書を通底する基礎的な土台はマルクス経済学である)。学以前に薬害による難病で失明されて盲学校に転校し、大学を経て教育関係の職業を経たのちに参議院議員を二期務め、現在は「NPO法人共同連」の代表などさまざまな要職を務めている著者の思いと信念がある。自らを「私は中間的知識人である。知識人と大衆との間に位置し、したがって大衆の立場から双方の間を行き来しながら、大衆として行動する」（一八七頁）と位置付ける氏は、既に多数の著作をものにされている。氏が近年通例化している「障がい者」という表現をあえて用いないところに、主体性というのか、心意気を感じる。

本書の枠組みは次のとおり。

第2章　若者たちがいかに反応をしたか
第3章　障害者の主体性論
あとがきにかえて

本書は膨大な文献を渉猟・読了している碩学な著者の見解がさまざまな形で散りばめられている。浅学な評者としては、二つだけ感じたところを記すにとどめたい。

ロバアト・オウエンについては、「オーエンとポランニーの労働観」という見出しのなかで触れられている。ここでは（丸山武志著『オーエンのユートピアと共生社会』からの引用で）、一八二五年からのニュー・ハーモニーの建設の挫折について、労働の質や能力の相違を考慮しなかったことをオウエンは認め、一八三二年に労働を等価交換する交換所を設立したことを紹介する。ただこの議論を認めたうえで、著者は呻吟するのである。つまり、「労働現場における労働の人間的不等価交換を理念として実践してきた共同連にとっても、また私にとっても分が悪い」（七八頁）からである。具体的には、障害のある人もない人もともに働いたとき、「労働能力100％と30％それぞれの賃金（分配金）が同じということであり、なまみの人間が納得できるかどうかということ」（八〇頁）である。

これに対する反応にもなるが、本書の奇抜な構成は、第II部の第2章である。ここでは立教大学と北星学園大学などで講じた著者の講義に対する受講者の感想文が抽出され、それは二八人（一五五〜一八〇頁）に及ぶものである。資本主義社会や「社会が人を障害化させる」著者の問題提起に対して、受講者の肯定的・否定的な感想が率直に記されている。そしてこれらの感想に対して著者は論評を差し控えており、読者の判断にゆだねている。ここからいえることは、大多数の受講者にマルクス経済学の、例えば搾取や疎外に関する基礎知識が無く、また社会主義について極めて否定的な見解が多いということである。それまでも漏れ伝えられていたとはいえ、一九九〇年前後の旧社会主義国の相つぐ崩壊以後、マルクス的な見解の全てがなすすべもなく見放されてしまった。これはとりわけ若い世代にそうなってほしいのが実態である。例外的だが、一九九〇年代に街金マンガ『ナニワ金融道』で若者に影響を与え、地に足のついた評論で読者のついていた故・青木雄二氏のような人物の再来を望むのは無理なのか。

個人的な関心だが、盲人の人々の通史の部分で「検校《けんぎょう》」という表現が、後醍醐天皇の勅定によって室町時代初期に一六の位階からなる「護官制度（盲人に官位を与える制度）」から定まったことを知った。将棋の戦法に江戸時代の石田検校が定跡化したといわれる「石田流三間飛車」というのがあるが、この意味を理解できたのも本書を手にした余得となった。

（『ロバアト・オウエン協会年報』42）

終章　理論と実践からのオルタナティブな視座

「理論と実践の統一」ということがしばしば言われます。しかし、その両者を安易に統一するのは合成の誤謬を招きかねません。実践（現実）が理論（原理）にあまりにも引きずられると原理主義に陥ってしまい、逆に、理論が実践に引き寄せられてしまうと現状主義に流されてしまいます。だから、理論と実践はひとまず切り離して考えるのが賢明です。

その上で、実践が理論の枠組から大きく逸脱していないかを注意深く検証し、その実践の方向性が理論に基づいたものになっているかを確認する必要があります。そこにもし齟齬がなければ、理論と実践の統一を機械的に推し量ることは避けるべきでしょう。「現実」は生き物ですから。

正しい理論と優れた実践の関係は、立体的構造をもった総合性であるといえます。実践には常に矛盾がつきまとい、理論には普遍性と相対性があたかも矛盾しているかのように立ち現れてきます。一切矛盾を含まないということもないし、同時に、「絶対」ということから自由でなければなりません。

理論も実践も、時には無関心を装います。だから、一見無関係に見える様々な事象をその内部に包含しなければならないでしょう。それによって、理論も実践も豊かなものになっていくと思われます。

以上のことは方法論としての宇野三段階論、すなわち原理論、段階論、現状分析の関係が、双似的なものとして参考になります。

こうした基本認識から私たちの障害者問題とその運動を分析してみると、少なくとも次のことが言えます。

ソ連などの社会主義諸国家が後進国革命であったために歴史的現実と歴史的限界の下で、残念ながら西洋の民主主義、基本的人権、そして市民社会の成熟を経ないままに今日に至ってしまったということです。そのことが、障害者の人権や労働を軽視する結果につながったと言わざるをえません。私たちの障害者運動は欧米から多く学んできても、社会主義圏から学ぶものは殆どありませんでした。日本の障害者運動がそこに関心を持たなかったというのも事実です。

そのことをこんなふうに言い換えることができます。障害者権利条約が国連で審議されていた際、世界の障害者たちは、「私たちのことを、私たち抜きに決めないで（Nothing about us,without us)」と言いました。だから、「社会主義のことを、障害者抜きに決めないで」と私は言いたいです。

最後に重度障害者の「労働」について書き添えたいと思います。それは、私や共同連が「労働」を重視・強調しすぎているという指摘、あるいは、労働に参加できない重度障害者の存在を無視してしまっているのではないかという批判です。確かにそのような誤解を与えているかもしれません。

重度の障害者は「生きている」「存在している」、それだけで十分価値なのだ、あるがままに「存在」することにこそ価値があるというものです。それはそれで至極当然なことです。が、ただ、問題は労働観というものを人間論に即してどう理解するかです。人間が創っている社会がどうあるべきかということにもなります。

「働かざる者は食うべからず」と初めて言ったのはレーニンだと誤解されていますが、それはそれとしてその言葉はブルジョアジーに向けられたものです。本当は、それはルッターの考えからでたものです。その意味は、マックス・ウェーバーの『プロテスタンティズムの倫理と資本主義の精神』に書かれています。エイトスとしての職業労働は、また安藤昌益の「直耕」にも通底します。昌益がなぜ仏教を批判して無神論の立場から僧侶を批判したかは農民の「直耕」すなわち労働に価値を見出したからに他なりません。ただ未来に宿題として残された不確実性の課題は、生産労働、サービス労働、知的精神労働（専門職）の変遷過程において、肉体労働と知的精神労働の価値評価をどうみるかにかかっていると言えます。

その上で、私は、レーニンの誤解された言葉通りの「働かざる者は食うべからず」というのではなく、人間と労働との本質的関係性を問いたいのです。当然今の資本主義あるいは国家社会主義の下では「働けない」、また働くことが困難な「存在」、それを問うているのです。換言すれば、経済社会のあり方を問うているのです。社会が「人」を障害化するというのは、そういう意味です。

そのことは取りも直さず、資本主義という経済が歴史的にはいたって特殊な経済であって、雇用（賃金）労働を原理としていることです。雇用労働とは、簡単に言って、所有関係において生産者（労働者）と生産手段が分離された状態で、労働力が民法上の契約に基づいて売買されることです。つまり、形式的にもかつ社会的にも経営者と労働者が対等平等な立場の関係にあって、労働力が「商品」化されるわけです。経営者は、労働者の労働力を買い、労働者は自らの労働力を経営者に売ります。このような労働力商品化の下では、労働者には搾取は経験的に認識されません。なぜなら、一日八時間労働の中で必要労働（賃金に相当する額）と剰余労働（賃金以外の利潤等の額）の区別がわからないからであり、剰余労働が剰余価値として利潤に転化することなど、まさに経験的には理解できないからです。いずれにせよ、本来商品にはなじまない人間労働を「商品」にしてしまう、特殊な「商品」にしてしまうのです。それが歴史的に特殊な経済だという意味です。ちなみに、奴隷は「身体」そのものが商品にされてしまいました。

以上のことを障害者の労働問題に即して言えば、雇用労働の労働力とは「健常者の平均的労働能力」「社会的平均労働量」であって、また「等労働量交換」ということになります。したがって、重度の障害者が雇用の対象にならないのも推して知るべしでしょう。

またあわせて労働力商品化の止揚とともに経済法則について一言すれば、理論と実践の根本的関係の関係性を見誤り、同時に、国家社会主義がなぜ資本主義を乗り超えられなかったかは、資本主義経済の原理とその矛盾を本質的に理解できなかったという証左でもあります。

たとえば、スターリンは『ソ同盟における社会主義の経済的諸問題』の中で、社会主義の建設にあたって、経済法則を自然法則とみなしてそれを利用することができると主張しました。これに対して、宇野弘蔵は生活全般に共通の経済原則と商品経済に特有な経済法則を混同して、社会主義にも経済法則を適用できるとしたスターリンを批判しました。経済原則と経済法則の差異を理解できなかったといえます。だからこそ、障害者の労働を社会の中に埋め込む、ワーク・インクルージョンが必要なのです。
繰り返しますが、「働かなくてもいい」という声は否定しません。それもまた現実社会に対抗する意味でも一つの真理だからです。ただ、小林秀雄が、今の若い者は世を捨てたというが、そう言っている前にすでに世の中から捨てられているのだ、とどこかに書いていました。これは興味深い指摘です。私は、だから、「働かなくてもいい」という声は労働者のストライキと同じ意味と理解します。
終わりにあたって、本書をさらに深めていただくために三冊の本を推薦いたします。あわせてご一読ください。

推薦書―命と異端と寛容性を考える―

『ネルソンさん、あなたは人を殺しましたか?』アレン・ネルソン　講談社文庫

『寅さんとイエス』米田彰男　筑摩書房

『コーランには本当は何が書かれていたか?』カーラ・パワー　文藝春秋

謝　意

本書を出版するにあたっても、点字から活字、パソコン入力、対面朗読などにいつもご協力いただだいている大澤美代、堀美惠子両氏、品川朗読ボランティアグループ朝笛、さらには東京都障害者福祉会館文字サービス朗読者のみなさまに感謝申し上げます。また、出版を引き続きご了解いただいた松田健二社会評論社社長、制作の板垣さん、カバーイラスト川辺貴子さん、装丁・中野多恵子さんにも合わせて心より感謝申し上げます。

二〇一八年七月

堀　利和

著者紹介

堀 利和（ほり　としかず）

小学校4年生の時、清水小学校から静岡盲学校小学部に転校、東京教育大学附属盲学校高等部、明治学院大学、日本社会事業学校卒。参議院議員二期（社会党、民主党）。立教大学兼任講師。現在、特定非営利活動法人共同連代表。『季刊福祉労働』編集長。著書『障害者と職業選択』共著 三一書房（1979年）、『なかよくケンカしな ―臨時障害者教育審議会設置法をめざして―』社会新報ブックレット（1994年）、『生きざま政治のネットワーク』編著 現代書館（1995年、2016年にモンゴルで出版）、『共生社会論 ―障がい者が解く「共生の遺伝子」説―』現代書館（2011年）、『日本初 共生・共働の社会的企業 ―経済の民主主義と公平な分配を求めて―』特定非営利活動法人共同連編 現代書館（2012年）、『はじめての障害者問題 ―社会が変われば「障害」も変わる―』現代書館（2013年）、『障害者が労働力商品を止揚したいわけ ―きらない わけない ともにはたらく―』編著 社会評論社（2015年）、『アソシエーションの政治・経済学 ―人間学としての障害者問題と社会システム―』社会評論社（2016年）、『私たちの津久井やまゆり園事件 ―障害者とともに〈共生社会〉の明日へ―』編著　社会評論社（2017年）ほか

障害者から「共民社会」のイマジン

2018年9月10日初版第1刷発行

著／堀利和

発行者／松田健二

発行所／株式会社　社会評論社

〒113-0033　東京都文京区本郷2-3-10　お茶の水ビル

電話　03（3814）3861　FAX　03（3818）2808

印刷製本／株式会社ミツワ

JASRAC　出　1809043-801

社会評論社最新情報はコチラ　http://shahyo.sakura.ne.jp/wp/